行动红利

K 叔
大 斌
王浩然
主编

文化发展出版社
Cultural Development Press
·北京·

图书在版编目（CIP）数据

行动红利 / K 叔，大斌，王浩然主编．— 北京 ：文化发展出版社，2024．8．— ISBN 978-7-5142-4419-9

Ⅰ．B821-49

中国国家版本馆 CIP 数据核字第 20247QD486 号

行动红利

著　　者　K 叔　大斌　王浩然

出 版 人：宋　娜

责任编辑：袁兆英　　　　　　　　责任校对：侯　娜

责任印制：邓辉明　　　　　　　　封面设计：大咖书房

出版发行：文化发展出版社（北京市翠微路 2 号　邮编：100036）

网　　址：www.wenhuafazhan.com

经　　销：全国新华书店

印　　刷：河北盛世彩捷印刷有限公司

开　　本：880mm × 1230mm　1/32

印　　张：9.75

字　　数：188 千字

版　　次：2024 年 8 月第 1 版

印　　次：2024 年 8 月第 1 次印刷

定　　价：59.00 元

I S B N：978-7-5142-4419-9

◆ **如有印装质量问题，请电话联系：0318-6658666**

前 言

焦虑时代才是所有行动者的红利时代

很遗憾，这是一个红利几乎已经消失的时代。

伴随着改革开放，我们经历了一个又一个的史诗级红利。比如曾经的房地产市场化、互联网和移动互联网的崛起、电商时代的兴起、人人皆可自媒体……记得在2011年，我还在中央财经大学读研究生，一次偶然的机会，去了一趟中关村的车库咖啡，被当时的那种创业氛围深深触动，不少现在已经功成名就的创业者、企业家，就诞生于那家咖啡馆。而现在，已经很难再有那样的盛景。

01. 红利消失的时代，是躺平，还是努力

走到现在，我们发现，红利已经越来越少了。所谓的信息

差几乎已经被互联网彻底抹平，所谓的创业机会似乎也成了“骗子”的高发区，我们在几十年昂扬向上的发展趋势下，人人都忙着向前奔跑，去学习，去成长，去赚钱。当增长进入平稳期之后，我们又迎来了全新的问题，那就是：当努力不达预期之后，所产生的焦虑感和无助感。

这些年大家的感知可能是相似的，前些年非常努力赚到了预期之外的钱，但这两年我可能更加努力了，自己的腰包却并没有更鼓，甚至因为一些错误的决策判断，产生了超预期的亏损。

是我们的努力出了问题吗？是不是我们应该放弃所谓的“内卷”，真的要考虑“躺平”了？

仔细思考，其实不难得出答案。曾经让我们受益的那些红利，更多地来自外部的环境趋势、信息差、资源差，我们就像乘坐着一辆不断加速的高铁，拼命向前狂奔，但当我们达到最高时速，无法再持续加速时，也就是红利消失时代，我们反而水土不服了。

不是外部没有增长了，不是周围没有机会了，而是这份增长和机会无法再像以前一样野蛮生长，遍地是黄金，不再能给我们提供那么多超预期的收益了。

那么，面对这样的时代，我们应该怎么办？是躺平，还是努力？

02. 追求内在自我的成长和幸福

这本《行动红利》，我们尝试给出迎接红利消失时代的最佳答案：把关注点从外部转向内部，从对外部红利的追逐，转向对我们自己成长的探索和追求。

我们自己没办法控制外部的环境，没办法控制整体的趋势，但是我们可以控制的是自己的行动。

这是一个外部红利消失的时代，却也是属于每一个行动者的最佳红利时代！

这些年，越来越多的人深陷内耗和焦虑情绪之中，情绪价值成了一个热门词汇，随之也出现了很多情绪生意。比如这些年崛起的“身心灵”赛道，对情绪的安抚本身确实可以给人带来价值。但是我们始终坚信，能够彻底打破焦虑的，绝非仅仅依靠情绪的疏解，过度地依赖所谓的身心灵的方法让自己获得平静，无异于饮鸩止渴，就像鸵鸟一样，把头埋进土里，暂时地逃避现实，而那些我们必然经历的问题和困难，绝不会因为我们的无视而消失不见。

唯有行动，可破焦虑。

这是我在6年前开始创业时，创办108自律行动营提出的Slogan（口号）。我们想要破除焦虑，想要让自己进入情绪的正向循环，只有心灵鸡汤是不够的，只有情绪的安慰也是不够的，甚至只有内在动机使命的探索依然是不够的。

真正需要做的，其实是你能够通过扎扎实实的行动拿到想要的结果，去实现理想的目标，去不断成事，才能收获掌控感。而这种自我掌控感，才能够打破你自己的焦虑循环，抓住属于我们自己的行动红利。

03. 抓住行动红利的个人OKR目标管理体系

本书中，我在《自律二十年，是一种怎样的体验》中提到了自己曾经实现了的一些目标，无论是两个月考上博士，3个月瘦25斤，半年拿到10个世界500强offer，副业一年年入百万等，还是我们成千上万名“108自律行动营”“Kris进化圈”社群的学员实现了各类型的目标，都来自我们的最强个人目标管理工具：个人OKR目标管理体系。

OKR是一种新型的目标管理工具，很多公司在用，但大多数人并没有理解其神奇之处。而我们这些年将OKR应用到个人目标管理中，简直就是成事的神器。

首先，OKR能让你对目标产生期待感。你以前设定的目标清单，如减肥、考试、赚钱等，完全没有画面感，无法激发你的热情和期待，但是OKR的目标可以让你瞬间热情满满，摩拳擦掌想要冲刺目标。

其次，OKR实现了目标的清晰拆解。在OKR中，重要的关键词是“具体”。“具体”，即将目标拆解成最小单位动作。比如减肥目标，必须拆解成关键结果（KR），如跑步300公里、轻断食60天、去健身房20次等。通过量化，将季度OKR拆解成月度、周和每天，从而使目标实现更加落地。

第三，OKR能让我们持续聚焦于自己的目标。很多人喜欢每天列很多清单，打很多钩，但这些真的是重要事项吗？看似非常忙碌，但关键事项始终未推进。原因是我们把时间投注在了无关紧要的琐碎小事上，而非重要事项。

我们追求行动红利，并不是每一分钟都在不停做事情，而是将你的时间投给那些真正重要的关键的行动上。行动并非放弃休息和娱乐，而是在工作学习时间内最大限度提高行动效率。而这份效率的核心在于时间投放的位置，而不是被那些清单所绑架。OKR能让我们持续聚焦于真正重要的事情。

在“108自律行动营”中，很多学员认为无法实现减肥、考试目标，但3个月后，有的瘦了10斤、20斤、30斤，有的考上研究生，拿下公务员，有的做成副业，实现副业变现。这些目标的实现不在于108营有多神奇，而在于学员每天都按照OKR在为自己的关键目标持续花时间，持续去行动。关于OKR更多的方法论，大家可以参考本书中我的文章，会有更多方法论的分享。

当然，这本《行动红利》不仅涵盖了30多位作者在行动这件事上的方法技巧，也分享了他们自己的行动故事和蜕变经验，不少作者都来自我们的训练营和社群，他们用自己的蜕变案例真实验证了行动红利的巨大能量。

大斌 是一家教育公司CEO，个体IP商业教练，超级个体创富基地主理人。他是由职场打工人成功转型超级个体，他通过自己取得成功的故事，激励更多人在追逐梦想的道路上持续行动，实现人生的成长。

王浩然 毕业于陕西师范大学新闻学专业，专注服务北京初创公司，分享北京开公司干货，“北京注册公司找浩然”品牌主理人。她在面对生活和职业挑战时，始终保持积极向上的态度，通过对自身经历的反思，为我们提供了职业发展和个人成长的深刻见解。

王储 是“一行”一星教练，赋能升维教练，个人IP打造教练，财富行动力社群主理人。她通过成长经历和对教练事业的热爱，深刻阐述了热爱对行动力的驱动作用，鼓舞人心，给人以启发和力量。

微微jo 是培养自学能力的数学老师，家庭教育咨询师，鼓励师。她通过自身的成长经历和教育实践，展现了对教育的热爱和对自我超越的追求，启发人心。

陈丽莲 是环保推广者，轻资产创业导师，正面管教家长讲师，女性创业私域运营主理人。她通过自身经历展现了提升自身行动力的重要性，激励读者从拖延到行动，改善行为模式，塑造全新的自我。

司马医 是小镇青年上路的医学硕士，小红书眼科普知识博主，“一行”认证教练。她为我们提供了一种面对困难、追求梦想的态度和方法。

苍苍 是一位“90后”职场妈妈，自律践行者，咨询师。她通过亲身经历，生动地展现了如何通过自律和行动走出中年困境，重拾对生活的热爱和信心，具有很强的感染力和启发性。

电波君 是职业事业规划师，服务超过100人，7年现场音频制作，参与政府活动超200场，10年视频制作经验，作品全网过亿次播放。作者展现了面对逆境的坚韧和对知识渴望的力量，鼓舞人心。

C.C. 拥有15年梦想与人生方向咨询经验，是梦想力成长体系创始人，帮助10000+人找到热爱与梦想，用梦想力方法实现考研上岸、欧洲旅行等101个梦想。她的文章能够触动人心，让人感受到人生的真谛。

张进铖 资深质量管理者，拥有15年世界500强企业经验，热衷于挑战自我，辍学500天到985名校录取，他追求卓越，终身学习“得到”平台获学分910+。他为我们提供了对挑战、持续学习和自我管理的实用建议，激励读者不断成长，成为更好的自己。

V姐 是一位曾经中年焦虑的二宝妈妈，民企财务总监，“可持续发展的自己”理念倡导者。她以亲身经历为例，展现了一个中年女性如何从焦虑到自我救赎，再到实现个人可持续发展的全过程，内容真实感人。

Y姐　是前四大国际会计师事务所高级顾问，知名外企高级财务管理，价值投资忠实信徒。她用自己的经历，告诉读者如何找到自己喜欢并擅长的领域，打磨自己，提升格局，活出精彩。

魏晓晨　是一位AI技术应用者，家庭教育倡导者，终身学习者。她以自身经历，生动展现了面对挑战的勇气和自我提升的力量，激励人们探索生活的无限可能。

木雁　是厦门大学会计系硕士，CPA（注册会计师），坚持锻炼10余年。她用资产清零后，人生重新启航的跌宕经历告诉我们，在遇见问题时，要勇于面对困难和挑战，用实际行动说话，才能成长。

镜心　2012年患乳癌，抗癌12年至今，久耕教培行业20载，深悟“育人先育心”，现专注于研修青少年心灵教育成长与传播。她用自己的坚韧告诉我们“无惧他人笑我痴狂，但求顽强生长”。

英语卡文老师　是前上市教育机构英语产品负责人，通过TKT剑桥教学认证，专业八级，有13年教学经验和10年教研师训经历，擅长精准提分，助力2000多名学生英语提分，她还是美国ABNLP执行师。她以自己的教育追梦之旅，生动展现了对教育事业的热爱和对个人成长的不懈追求。

启宸　是2011年利比亚撤侨亲历者，曾在非洲、南美5个国别常驻，“一带一路”的参与者、建设者、见证者，用脚步点亮北京，20年完成北京1000个公园跑步打卡的业务跑者。他坚韧不拔的精神和积极向上的生活态度，能给人以正能量。

灵希　是全平台97万粉丝博主，百万社群创办人。她通过个人成长经历，总结出人生感悟并分享给大家，充分展示了行动对个人成长的重要性。

黄嗣博　是R-LIFE生命成长训练体系创始人，16年顶级领导力咨询公司领导力测评与培训顾问。他告诉我们只有清醒且明晰地行动，才能做到不内耗、不内卷、不焦虑、不躁动，跳出低水平且重复的命运的束缚。

园气少女　是一位95后，元气满满ENFJ-A，媒体人，KEEP运动3000次，瘦身10斤，坚持阅读1000天，二本逆袭“芒果台”。她以自身的成长经历，展现了“95后”媒体人勇于自我超越的精神，读之令人鼓舞。

陈平安　是一个默默无闻的普通人，一个不为生活奔波的慢生活者，一个充满好奇心持续生长的少年，一个能够感受到岁月静好的幸运儿。他通过对自己的深入剖析，帮助我们在认知上破局，在行动上破阻。

知行派　是一位连续创业者，微习惯成长飞轮的发明者，微习惯践行者。2023年5月23日，开始5：30早起、冥想、阅读、俯卧撑、早清单晚复盘持续370天。他告诉我们，微习惯，会让我看到人生更多的可能性。

陈安山　就职于世界500强企业，小红书博主，轻断食践行者，跑步爱好者。他通过深刻而有力的文字，告诉大家要敢于突破自己的舒适圈，缩小自己的恐慌圈，打破自己的天花板。

琳熙　是个人品牌商业顾问，线上小白的她用6个月副业变现月入5位数，写作小白的她用一年写出至少30万字。她用自身经历，传递了勇于改变，主动出击，不断成长的正能量。

Jessica黄未之　是“丽之第一夫人”创始人，世界中医联合会植物精油疗法常任理事，金刚商学院教育局助理主任，RFP中国精英理财师，也是一位终生成长学习者。她的文章亲切、真诚，情感丰富，充满了激励人心的力量。

王利　是工农商学兵师都做过的奋斗者，网络电影出品人，终身学习者。他的故事感人且富有启发性。他通过自身经历告诉我们，无论年龄多大，只要有梦想并付诸行动，就有可能实现。

格根塔拉　毕业于哥伦比亚大学，是华尔街数字化转型负责人，拥有15年国际教育经验，陪伴300+家庭拿到顶级梦校offer。她阐述了行动的力量和积累的重要性，激励人们在平凡中追求卓越。

何晓琳　是某头部教育机构大语文初创产品经理，在线、面授、双师多形态主讲，带生量过万，转型产品设计者。她生动阐述了在职场中不断自我挑战与成长的过程，充满正能量。

明洁　是明享空间疗愈创始人，也是M&J设计师品牌主理人。她的文笔真挚感人，内容励志实用，整体展现了个人成长与社会价值的融合，催人奋进。

听梅　领导力专家，《领导力拉力赛》版权课程开发者，企业客户超过500+。她通过自身经历鼓励读者勇于面对挑战，追寻梦想，充满了正能量。

伊蓝　拥有8年教育运营经验，曾帮助10w+同学考取理想院校，是一个热衷于持续精进的211硕士。她讲述了面对生活和职业的挑战时的所思所感，具有很强的真实性和感染力。

open　是北京新东方历史教师，教授万名中考满分学员及高考名校学生，每年都带毕业班，每天都在感悟成长。她将个人成长经历与教育理念相结合，成为一个发光的老师，照亮了学生们的未来。

一娜　是一位会涂鸦的钢琴老师，喜欢读书，对心理学及脑科学兴趣极高，终身学习践行者。她的文章丰富且具有启发性，展现了作者对教育的深刻理解和终身学习的精神。

我相信，这本书会给你的行动带来启发和收获，也祝愿我们每一个人都能够在这个外部红利消失的时代抓住属于自己的行动红利！

目 录

CONTENTS

02 / 行动红利

04 / 行动红利

K 叔

自律二十年，是一种怎样的体验

K叔

“一行DoMore”教育创始人&CEO

全网100W+粉丝知识博主，付费学员超过20万人

3本畅销书作家，《引爆自律力》豆瓣评分7.8

企业高管和商业教练，中央财经大学会计学博士

我是Kris（K叔），“一行DoMore”的创始人。

20年前，我从山西的一个十八线小县城，期待而又惶恐地来到北京，在中央财经大学读书。那时候的我，就像大多数的小镇青年一样，对未来充满了焦虑和迷茫。

但是回头看这20年，在我身上发生了太多神奇的事情：硕士毕业拿到10个世界500强Offer，进入一家央企总部工作；2个月时间，白天工作，晚上复习，考上了中财会计学博士；5年时间，作为二胎奶爸，陪孩子们读了500本书；左手工作，右手写作，做到百万粉公众号，副业突破月入6位数；出了两本豆瓣8分畅销书，还在多个海外国家地区出版发行；找到人生使命，离开体制内，辞职创业，开启第二人生……

而这些看上去完全是超出我预期的人生剧本的，关键在于其中隐藏着一条非常重要的主线——自律行动。

前段时间整理书柜，偶然间翻开一本大一时的笔记本，本上落了灰，纸也已经泛黄。扉页上写着：“不能不趁30之前立志猛进也！”后边是自己的签名和时间：2005年12月3日。

恍然间，已经过去20年了。

20年前，我开始逼着自己过一种自律的生活，发誓要在30岁之前野蛮生长。时间呼啸而过，这20年，我经历了毕业求职、结婚生子、辞职创业……也会有困惑、有迷茫、有焦虑、有挫折，但是因为这20年的自律，让我活出了自己想要看见的样子。

01. 持续行动，从想到到做到

回到2005年，我从一个十八线小城来到还没有雾霾的北京，经历了第一年大学生活和城市生活的震撼与迷茫，总有一种自卑隐隐作祟，然后看到了曾国藩的这句话：“不能不趁三十之前立志猛进也！”于是下定决心，开始拼了命地付诸行动：律己。

第一年：迷茫、困惑、沉淀、思考。

第二年：我决定要做学生工作，于是成为最年轻的学生会主席；我喜欢唱歌，于是拿到学校“十佳歌手”；我热爱交流，于是成为校园优秀主持人。

第三年：我手里攥着包括学生工作、社会实践、唱歌、主持几乎所有领域的奖状和证书，唯独缺少一个学习奖学金，于是我辞掉所有学生工作，放弃所有业余娱乐，靠着一年的勤奋从班级末位成为全系第二，拿到一等奖学金。

第四年：在选择保研时，我毅然决定支教一年。然后风尘仆仆来到山西的一个国家级贫困县的一个村庄学校志愿支教一整年，和孩子们同吃同住同学习，还获得了“中国优秀志愿者”的称号。

毕业时，我成为全系唯一的优秀毕业论文获得者，也当之无愧地被授予“北京市优秀毕业生”的荣誉。

律己，就是要逼着自己跳出舒适区，寻找另一个自己。

02. 不断提升，让人生有更多可能

毕业那年，我也经历了求职碰壁的困境，在一次无领导小组讨论中，我被各路精英狂虐，内心感慨人家怎么这么厉害，自己却一句话都说不出来。

我低落地从清华大学旁边的面试场走出来，步行10公里回到学校，然后告诉自己：“别人行，我也一定可以！”

我研究了几十个关于面试的视频，看了十几本求职书籍，然后不断打磨简历，自我介绍的版本更新了十几次，真的把自我介绍倒背如流。

其他人在玩游戏，我在改简历；其他人在打牌，我在改简历；其他人在追剧，我还是在改简历。

短短半年，我真的拿到了包括中国农行总行、招商银行总行、中石油、中粮、中化集团、平安总部等10个offer，而且全部都是世界500强！

律己，是为了让自己的人生多一种可能性。

03. 减肥20斤，打造自律人生

从学校到社会，我也和很多人一样，从清瘦少年变成大腹便便的大叔。

有一天，我看着镜子里越来越臃肿的自己，实在无法继续忍受，于是决定“从今天开始减肥”！

我开始疯狂跑步，从三公里气喘吁吁，到10公里轻松搞定，还完成了人生中的一次次马拉松！

我严格控制饮食，坚决过午不食，戒油戒糖戒盐，除了粗粮不进一点主食，有段时间中午只吃一碗蔬菜沙拉，且不加沙拉酱。

我总是开玩笑：“再痛苦的人生，也抵不过我每天吃一顿苦菊。”

我开始健身，因为要照顾孩子，我没有时间去健身房，于是下载了训练视频，孩子一睡就开始疯狂卷腹。

一个月之后，不多不少，正好减肥20斤！还有隐隐若现的6块腹肌。

很多人问我，你不会饿吗？

饿啊！每天晚上满脑子的油泼扯面！

但确定了目标，就必须要搞定！

律己，就是要不断地雕刻一个全新的自己。

04. 持续学习，不断精进成长

工作几年，收入持续增长，虽已小康却异常焦虑。我深感自己知识储备不足，能力配不上自己的年薪，于是又下了一个决定：考博士！而且是非常难考的在职博，因为当时基本上高校已经不再愿意招收在职博了，所以在职博的分数线甚至要比普通博士要高5分。

但我不信邪，我决定的事情就一定要搞定。

上班、带孩子已经耗费了太多时间，我只能把写作的时间腾出来开始复习看书。经济学、管理学、计量学，这些早已经忘在脑后的知识又一次重新摆上书桌。

但时间和精力是有限的，我的复习进度严重停滞，眼看着考试还剩一个多月，我跑去和老婆沟通，希望能给我放一个月假，考不上博士“提头来见”！

于是，老婆带着孩子回娘家，我则进入了疯狂复习的状态。

白天上班不能打折扣，下班之后一个人背着双肩包跑到家附近的图书馆，一看就是一晚。

时间依然不够用，我便把上下班通勤的时间也用上，早上6点多就去坐地铁，为的是那会儿地铁里人少可以把书拿出来复习。

就这样，全力奋斗2个月，我最终顺利考上了中央财经大学的会计学博士。

律己，就是要不断地让自己更新迭代，持续成长。

05. 持续写作，副业月收入突破6位数

都说身体和灵魂都要在路上。在身体的强健之外，我还热爱读书写作。

白天上班，晚上看孩子，我只能在深夜与清晨伏案写作。每晚12点或1点睡，5点半起的生活让我觉得赚翻了。

短短几个月，我写出了多篇10w+的文章，人民日报、有书、领英中国、思想聚焦、灼见、清华南都、改变自己、行动派、选择自己……被这些公众号大V转载自己的文章，真的太有成就感与满足感了。

而且因为持续写作，我的公众号积累了越来越多的读者，也实现了月入6位数的副业收入突破。

家人看我写得辛苦，劝我还是要注意休息，不用把自己逼得这么紧，但写作的乐趣对于我来说太过吸引，用一支笔来整理自己认识世界的过程，回头再看是多么酷的经历。

律己，就是要让自己的身体和灵魂永远在路上。

06. 找到人生使命，开启第二人生

原本一切都会继续顺利下去，但这时，中年危机不期而至。

与其说是中年危机，不如说是意义危机。

我真的喜欢现在的工作吗？

我这一辈子到底想过什么样的人生？

我的人生是否还有不一样的可能性？

……

我一边筹备我的第一训练营产品：108自律行动营，一边探索自己的人生使命：

拿出一张纸，一条一条地写下自己的梦想：住进大房子，买辆好车，全家出国旅行，去国外读书……

但是，当看到这些本应让我感到兴奋的梦想时，我的内心并没有太大波澜。

而写下的这句话却让我热泪盈眶："以生命影响生命，以行动启迪行动，让更多的人拥有改变自己的力量。"

这不就是我想要做的事情吗？

这不就是很多读者希望我能够提供的价值吗？

这不就是能够让自己的能量和价值最大化的人生使命吗？

我第一次在公开场合提出离职要去创业，就是在"108自律

行动营”的课堂上。当时几近哽咽，我为找到人生使命而激动，为可以选择自己最想做的事情而开心。

我也在108自律行动营当中，研发出了《人生基本法》《生命之花》《人生平衡轮》等工具，帮助我们的学员来探索自己的人生使命。很多学员因为108，彻底从焦虑和迷茫中摆脱出来。如果你也想要这套工具方法论，欢迎在开头添加我的个人微信。

原来，所谓的迷茫焦虑、三分钟热度、拖延症，最底层的原因，在于：没有找到自己的长期人生使命和目标！

所有的焦虑，归根到底都是：人生使命缺失而带来的行动焦虑。我也曾有过同样的经历，体会过那种无助的痛苦，所以深知自律和行动对逃出泥沼的意义。

行动最怕的就是阶段性放弃：开始很好，中间变差，最后又被打回原形。我一直在思考能否找到一种系统化的方法来解决这个问题，并能有一种可持续的解决方案，让每个人都能很快地摆脱焦虑。而“一行DoMore”就是要做解决行动焦虑的平台，通过向用户提供解决方案，让用户的行动变得持续而坚毅。

要想实现这个目标，未来仍有太长的路要走，但一期期的“108自律行动营”、一场场线上线下活动，让我越来越享受创业所带来的乐趣。

因为，当你做的事情真能改变他人，并让他人找到人生使命和自律方法，最终实现了工作和生活的目标时，那种成就感美妙到难以言说。

每当遇到困境时，我都会从一句句鼓励、肯定、赞扬中寻求正向反馈，让自己坚定信心：无论未来有多难，我都要努力把这件事做好！

40岁呼啸而来，我却没有一丝惊慌。

因为行动，我始终在向着一个更好的自己努力着，奔跑着。

第一个20年自律行动之约，我没有辜负，所以，我更期待下一个20年。

大斌

职场打工转型超级个体IP，我的个体进化之路

大斌

教育公司CEO

个体IP商业教练

超级个体创富基地主理人

职场打工成功转型超级个体

拿破仑曾说过：不想当将军的士兵，不是好士兵。

而我从小到大的经历，就决定了我一直想要成为一名“将军”，英勇奋战、所向披靡……

习惯了拿第一就不再愿意甘于拿第二，更不甘心庸庸碌碌一辈子。我想要趁着年轻，凭借自己的本事出去闯一闯，我想要拥有属于自己的事业，我想要过上幸福感更高的生活，所以我毅然踏上了一条只有少数人的裸辞创业之路。

如果你是一名想要发展副业甚至转型的职场打工人，如果你是一名对未来职业选择感到迷茫的大学生，如果你是一名渴望发展一份终身事业的全职妈妈，我的这篇内容应该会给你一些启发和引导价值。

01. 出身东北普通家庭，大学四年觉醒逆袭

我今年29周岁，出生于辽宁丹东的一个偏远农村，父母都是普通的农民。我从小就被教育要好好学习，考上大学，因为这是走出农村的唯一出路。

从小我在学习上就非常努力，从小到大一直是学霸，小时候

就是父母口中“别人家的孩子”，在学习方面从没有让父母操心过。

你可能会觉得我比较聪明，以前的我可能也会这么觉得，但后来我才想明白：其实并没有，我只是在学习上付出的时间多一些而已。

借用鲁迅先生的一句话：“哪里有什么天才，我只是把别人喝咖啡的时间用在工作上了。”

习惯了学霸的标签，后来却在高中阶段经历了人生的第一次低谷期。因为中考成绩突出考上了重点高中，但高中三年一直处于一种非常压抑的状态，就是感觉拼尽全力还是不如别人，最后无奈地上了一所普通的二本院校。

上了大学以后我才明白：人与人之间没有办法比较的，因为有些人的起点就是比我们要高很多。那么一个普通人要怎样才能赶上那些条件优越的人呢？没有其他办法，只有比他们更努力。

于是我开启了奋斗不息的四年大学生涯。别人在休息的时候，我在学习；别人在睡觉的时候，我在参加各类竞赛；别人在打游戏的时候，我在混学生会；别人在实习的时候，我在做兼职……

大学四年我干过酒店服务员、到大街上发过传单、干过推销员、干过驾校代理、做过新东方校园经理人等。当时只要有时间，能干的兼职基本都会去，也是经历了从最开始靠体力赚钱，后来靠技能、资源赚钱，真正实现了在大学阶段靠自己月入过万。

经过大学四年的持续进化，我实现了人生的第一次觉醒，让我具备了为人处事的基本能力，学到了一些运营和销售技能，这对于我工作后发展副业起到了关键性作用。

当然我也深刻明白了一点：**普通人想要实现逆袭赚钱，最重要的有两点：一是抓住机会，二是拼命死磕**。

02. 国企上班只为谋生，发展副业积累底气

2017年6月，我大学毕业，由于当时所学专业对口和父母的原因，我来到了内蒙古呼和浩特市，去一家国企上班。谁能想到，一份父母口中“铁饭碗”的稳定工作，却让我“煎熬”了5年。

“整天盯着工作群，自己快要得手机恐惧症了，想关机清静会儿，但从来不敢。”

“每天干的都是重复性、形式化工作，真是干够了。”

“每次半夜接到紧急处理的工作安排，对工作的厌恶就增加一分，真想辞职不干了。”

这就是国企上班的真实状态，每次吃饭时讨论的都是这个不公平、那个很无奈，即使再多抱怨第二天还要正常上班。虽然整天嚷嚷辞职，但一想到钱，还是会向现实妥协。

时间久了你就会发现，这样的工作状态，只是在被迫谋生。

工作带来的，除去物质上的满足，只剩下精神上的消耗。

没有精力奋斗，没有时间学习，生活陷入一种恶性循环的状态，看不清未来在哪里……

我还记得，2017年底刚工作半年的时候，我就已经认识到当下的现状，于是开始发掘副业变现之路。刚开始还踩了很多坑，但我从来没有放弃，这个失败了就休息一段时间再干下一个，就这样我大概摸索了两年多时间，副业才从最开始赔钱到慢慢赚到钱。

从国企裸辞后很多老同学都说真佩服我的勇气，我都是一笑置之。与其说有勇气，我更倾向于说有底气。

只有具备了自己选择人生的底气，你才能真正地迈出这一步。当然每个人的情况不同，但如果你想要成为超级个体，一定要慢慢积累自己的底气。

我的底气主要来自以下三个方面。

1.国企打工5年半，副业折腾5年，在父母的支持下，我买房买车，虽然房子还需还一点贷款，但没有多大影响，这一点保障了住宿问题，至少裸辞后不至于流落街头。

2.在副业这条路上探索了5年，副业项目收益稳定，能够解决我辞职后的基本生存问题。我通过做各类副业项目，积累了丰富的项目运营操盘经验，这为我后来确定职业教育项目，能够在短短一个月时间实现逆风翻盘打下基础。

3.国企打工这5年半以来，业余时间我始终坚持读书学习，5

年时间读了300多本书，系统提升了自己的阅读、写作、思考等通用能力，还学习过产品设计、流量操盘、私域运营、新媒体运营、营销策划、销售等专业技能，边学边做，在学中做，在做中学。

我始终坚信：**只有坚持终身学习，你的人生才会有更多的可能性。**

03. 裸辞经历人生低谷，突破阻碍逆境重生

当然，裸辞选择创业这条路肯定是不可能一帆风顺的，我是2023年2月份，过完春节后辞职的，辞职后历经了半年的迷茫与探索阶段。

最开始选择去深圳，加入一个知识付费卖课千万大佬的核心团队，干了一段时间，后来发现这条路是行不通的。我选择裸辞是为了创业的，若还是一直打工其实没多大意思。

2023年8月，我再次回到呼和浩特，考虑尝试做一下职业教育培训。于是开始注册公司、租场地、招员工，整个过程就花了快一个月的时间，但最后的结果却非常凄惨。因为招不到人的问题，让我一度陷入焦虑……

我真的认真思考过人生的意义，大不了卖房、卖车也要坚定地走下去，自己选择的路，跪着也要走完。

当时面临最大的阻碍就是招人太难的问题，最后我下定决心：既然招人那么困难，那就干脆不招了，一个人也不是不能干，于是就这样开启了一个人的创业之路。让我出乎意料的是，这条路竟然跑通了。

2023年8月底，我开始筹备职业考证的具体业务，策划获客渠道，招募兼职人员来做前端获客工作。虽然这段时间忙得焦头烂额，但当有学员报名的那一刻，所有的付出就都是值得的。

2023年9月份不到一个月的时间，我成功招了40多个考证学员，总共营收8万多元，除掉一些成本，最后的利润能在50%左右。当时真的有种说不出来的激动，我一个月的收入赶上国企打工10个月的工资，这种熬出头的成就感真的是非常强！

其实这一路走来，我曾无数次怀疑过自己，尽管现实情况没有那么糟糕，但思想上已经经历了无数次的打击与洗礼。既然选择创业这条路，就不能允许自己停滞不前，必须不断前进，必须一直在路上。尽管经历过很多次深夜情绪忧郁，但我第二天睡醒后依然继续不断尝试。

04. 坚定个体IP创业，开启个体进化之路

突然的一次尝试，竟让我实现了逆风翻盘，也让我陷入深思。如果这种个体创业模式行得通，那又何必选择每天上班打

卡呢？

于是我开始研究超级个体、新个体的赚钱模式，一个人就是一家公司，一个人就是一个团队，工作时间自由，打造个人品牌，独立搞钱、自由生活！

2023年11月，经过一段时间的思考，我在保证职业教育业务基本盘稳定运营的情况下，再次开启了我的自媒体IP创业之路，想要通过自媒体分享自己一路走来的成长经验，副业/创业心得等内容。

为什么选择做自媒体呢？都2024年了，自媒体还有机会吗？

当我认真复盘我这几年的经历，我发现一个很严重的问题：尽管我做了很多副业项目，赚到了一些钱，尽管目前教育业务已经跑通，但总是缺乏累积效应，依然会存在很多不确定性……

通过做自媒体持续输出有价值的内容，不断积累自己的影响力，慢慢打造自己的个人品牌，这才是获得长期价值最大的一条路！

事实证明，我的决定是正确的，正所谓选择大于努力，我选择了一条非常适合自己的路。

截至目前，我做自媒体仅不到半年时间，已经靠自媒体赚了10万多元，再加上自己的教育考证业务基本盘，半年多时间整体营收突破40多万元，真正跑通了超级个体年入百万的第一站。

我一直坚定践行的八字箴言：**真诚靠谱，极致利他**。未来的5年、10年甚至一辈子，我将全力以赴只做这两件事：一是做好我的教育事业，二是做好“大斌”这个IP，赋能更多伙伴成为超级个体。

我是大斌，这就是我的个体进化之路。期待在成为超级个体这条路上，我能陪你一起同行！

王浩然

勇敢追求内心所愿，什么时候都不晚

王浩然

陕西师范大学新闻学毕业

专注服务北京初创公司，分享北京开公司干货

“北京注册公司找浩然”品牌主理人

2018年12月初，我拖着粉色的24寸大的行李箱来到北京。不知道接下来的工作地点，也没有提前租好房屋，有的只是终于能来北京闯荡的兴奋与喜悦。如果人生可以重新选择，我仍然会选择30岁来北京，或者更早一些。

01. 30岁裸辞来北京，下定决心从头开始

那是一个周末，我和爸妈正在吃火锅，我突然说："我打算去北京，北京机会更多。"不出所料，瞬间炸锅"长春哪不好，去北京干什么呀""你都30了，去北京谁都不认识，怎么活"……各种消极负面的声音在空气中弥漫，这些已然在我的意料之中，想活出真实的自己，得先屏蔽掉周围的声音。我缓慢而又镇静地说："因为我不想留下遗憾，正因为30岁了，才要去北京，因为我再不去北京拼一下，以后就更没机会了。"

看似行动上的一小步，实则内心已翻山越岭。

我裸辞了。2018年12月初，我拖着粉色的24寸大的行李箱来到北京。因为我爱好心理学，还进修了中国科学院的儿童心理学研究生课程，所以为了能在北京有个落脚点，我在来北京之前

的一周，已经向北京多家早教机构投了简历，应聘销售岗位。这样到了北京之后就可以直接面试了。我先在一家青年旅社安顿好，然后盼望着哪家早教机构的HR能给我打电话。我来到北京的第二天就接到面试电话，有两家早教机构联系了我，因为是裸辞来的北京，我当时急于能有份收入，所以快速决定选择了待遇相对较好的一家，工作地点在海淀黄庄。接下来我就开始就近找住所，说实话，住在北京合租房真的很不适应，但是房租太贵，在公司附近整租肯定是付不起的。所以，我以每个月2400元的房费租了一间12平左右的小屋，那是一个三居室里面的小屋，好在舍友都是女生，我安慰自己说：就当是再次体验下大学宿舍生活吧。在合租的小屋过夏天非常痛苦，屋内没有空调，将近40度的天气能把人烤成鱼干，我因此买了个冷风机，因为屋子小，冷风机离床太近，搞得被子都是潮乎乎的，但一想到已初步实现来北京的梦想，这些生活上的小困难都变得渺小，姑且熬过了来到北京后的第一个夏天。

我来北京做的第一份工作是早教机构的课程顾问，每天承担销售课程的业绩，有时还要解决小朋友上课时的突发状况，压力之大可想而知。那时每天早上都要听一段《樊登读书》去上班，从其他人的故事与案例中获得坚持下去的能量与勇气，我印象中影响我最深的一句话是："接受自己当下的生命状态，无需过多羡慕他人的生活，每个人只是处在不同的人生阶段而已。"我特别感谢樊登读书，在我初来北京的那段时光，给予我能量，不断排解内心预期与现实状况的冲突。

在早教机构工作了半年多。后来，转战至企服领域，转行面临最直接的挑战，就是专业知识的匮乏和没有客户积累。于是，每天一边学习专业知识，一边开发客户，有的时候一个客户需要跟进联系半年多，才能有第一单成交。第一单成交带来的最直接的感受是“我是可以的”。必要的正向反馈是坚持一件事的加油站；耐得住寂寞，是拿到结果的必备素质。通过专业知识的不断丰富和好的服务口碑，逐渐有老客户进行转介绍业务，我的企服工作也进入了良性运转轨道。如今，已经服务企业客户40余家，业务覆盖范围从最初的企业开办，银行开户，记账报税到后期的资质办理，软著申请和国家高新技术企业申请，能为企业提供全生命周期服务。同时，在2024年4月底，我也终于鼓足勇气注册了自己视频号、抖音号、小红书“北京注册公司找浩然”，正式开启打造个人IP之路。

所有的选择，都需要勇气加持。勇敢追求内心所愿，什么时候都不晚。相信内心的指引，那里有通往璀璨生活之路。

02. 容貌焦虑，18秒的短视频拍了近两个小时

与K叔相识，是在2021年一次线下活动，当时被K叔写的一本《引爆自律力》的书名吸引，于是关注了K叔的公众号。一直

在听K叔鼓励大家做个人IP，期间也报名参加了写作营，可是内心总是没有胆量迈出第一步，因为不知道开始后能否坚持下来，也担心做出的IP内容不吸引人，没有反馈，担心周围的人对自己指指点点，总之是各种各样的担心、焦虑充斥着大脑，导致迟迟没有做出行动。所以，即便每天都能接收到打造个人IP、树立个人品牌的信息，但仍没有行动，错过了抖音、视频号等自媒体领域的最佳窗口期。

后来在2022年加入K叔进化圈，每天看着K叔的日更，了解到即便是K叔这样百万粉丝的主播，也会面对各种工作上的困境，内心也有焦虑、担忧的情绪，关键是如何面对处理当下的挑战与情绪，如何采取下一步的行动。于是，在关注K叔3年之后，我终于下定决心开启个人IP之路。因为自己在北京企服领域耕耘，主要服务内容就是帮助企业老板注册公司、银行开户、记账报税、工商变更、股权变更等，所以就准备做一个与工作内容相关的IP。恰逢参加此次畅销书联盟活动，获得了一次和宁小辉一小时免费咨询的机会。宁小辉是《新手开公司实战指南》的作者，也是全网百万粉丝企服赛道的头部主播，经过他的点拨，我开始做“北京注册公司找浩然”账号。发的第一条视频时长18秒，我整整拍了将近两小时，反反复复拍了7条，容貌焦虑困扰着我，我总是对自己的微表情不满意，最后是宁小辉的那句“拍完你自己就别看呗”给了我发出第一条视频的力量，当我在视频号、抖音发出第一条短视频以后，内心就有个声音响起：“得坚持发下去呀，不能停下来呀”，然后就开始每天坚持发视频。最开始因为录视频有点紧张，剪辑等内容不熟练，每次拍短视频都要耗时一个小时以上，所以艰难地维持着日更一条。慢慢地拍得多了，对拍摄镜头不再抵触，容貌焦虑也减弱了，可以做到一个小时拍4条。当我对拍短视频开始充满热情时，我的视频号限流了，心情也随之跌到谷底。用学习替代恐惧，用行动对抗担忧。于是，我又开始在知乎上学习“为什么视频号被限流”“如何避免限流”，期待早日搞懂平台规则。现在我仍然是每天日更一条，考虑到“大力出奇迹”，日后会逐渐调整至日更3条，争取早日在个人IP之路上获得正向反馈，提高个人品牌的影响力。

03. 坚持读书让我敢于面对人生的不确定性

每个人初入社会，都会遇到一个领路人，这个领路人决定了自己日后的格局、眼界及对人生和世界的看法与理解。

2011年，我大学毕业，选择了与新闻学专业对口的房地产报记者工作。我刚参加工作遇到的领导，特别鼓励员工读书，而且买书是可以报销的，所以毕业后的前5年，我每个月都会读3-4本书。读书内容覆盖范围也比较广泛：时间管理、沟通力、个体形象、销售技能、人物传记等，其中人物传记读得比较多。因为从学校步入社会，会有各种不适应，对工作中人际关系的无所适从，而且作为一名记者，既要想办法链接到采访对象，又要接受采访对象表现出的各种不配合态度，还要把采访来的琐碎的文字，编辑成一篇新闻稿件，所以当时的我身心疲惫。能够带领我穿越这些疲惫的就是人物传记，从伟人、名人的故事中看见自己，照见自己，学习伟人、名人遇到人生困难时的所思所想所行。自己在各种各样的故事中，获得前行的勇气与智慧。与此同时，我也特别感谢那个鼓励我读书的领导，我在书中遇见更有力量的自己，遇见真实的自己。

对我成长影响比较大的还有“时间管理四象限”，将工作生活中的事件按照重要紧急程度分为：重要且紧急（马上就要交的文件，例行会议等）；重要不紧急（学习，读书，健身等）；不重要但紧急（如接电话、缴电费等）；不重要不紧急（刷手机，家长里短等）。我刻意在生活、工作中运用时间管理四象限，初期很痛苦，因为已经习惯了逛淘宝、刷剧，调整时间分配的过程就像在沙漠中没有水喝，而且不知道什么时候才能有水一样难受。我尽量减少不重要不紧急的事情，高效完成重要且紧急的事情，坚持做重要不紧急的事情，在公交车上看书，睡觉前看书，想要刷淘宝的时候看书，久而久之，内耗虚度的时间少了，学习成长的时间多了，而且养成了持续学习的习惯。身处在一个瞬息万变的时代，我觉得作为普通人的核心竞争力就是持续学习，更新自己的能力。无学习，不前进。

对于一个读书人来说，出书一直是深埋心底的至高梦想，在我看来是一个可望而不可即的梦想。此次K叔开启畅销书联盟活动，最开始我内心也是抗拒的，觉得肯定没有宣传得那么简单，认为我根本没机会出书，但是内心写书的小火苗一直灼烤着我，蠢蠢欲动，在犹豫了5天的时间后，我决定再次突破自己，跟随内在的热忱，果断下单，加入出书联盟，实现出书梦想。写作此稿的过程非常煎熬，因为不知道自己有什么故事可写，感觉发生在我身上的事情太平常，没什么可圈可点之处。但是我还是坚持听完IP畅销书联盟的线上课程，按照老师传授的写故事方法，去挖掘自己的故事，锻炼故事思维，因为不是我没有故事可写，是我不具备故事思维，导致我不知道写什么故事。我希望能够通过我自己真实的故事，给和我有相同境遇的人带来些许的触动，如果能做到这点，我也就满足了。

如今来北京已5年有余，压力大，节奏快，但我仍对未来充满热忱与期待，“不积跬步无以至千里，不积小流难以成江海”，与其仰望星辰，不如脚踏实地。不去想最终会收获多大的成就，坚信行动的力量，只要把一个个小目标完成，生活不会辜负每一个努力的人。

王储

真正的热爱是最强的行动力

王储

“一行”一星教练

赋能升维教练

个人IP打造教练

财富行动力社群主理人

01. 儿时梦想成为艺术家

儿时的记忆不太清晰，只记得笔还拿不稳的我，就在父亲的稿纸上涂涂画画。

学前班的我，就开始在少年宫学画画。小学的兴趣班一直没断过的就是美术班，每个周末我都有半天时间去学校画画。彩笔画、水彩画、水粉画、蜡笔画、板画、素描、国画、毛线缝画等，当年能用到的画画方式我全都画过，蛋壳画、剪纸、折纸、纸盒立体人、木刻、橡皮泥等手工也全都做过。那时班里的黑板报，不管是粉笔的还是大白纸的都是我画的。那时我参加过的绘画比赛得过不少奖，现在还压在家里的箱子底下。

现在回想起来，当年的我还是个心灵手巧的孩子。我自认为小时候学习美术对我的动手能力和右脑开发有很大助益，让我后来思维敏捷灵活、对色彩很敏感、学东西很快。

小学六年级的时候，父亲跟我说，走美术这条路考大学会很难。当时的我也觉得有道理，没怎么抗拒就放下了画画这件事。

回想当初，我是热爱画画的，梦想长大当一名画家。那时候我也不懂什么叫“热爱”，就是一画起画来就没有了时间的概念。

但当时我为什么如此轻易地放下了画画？不得而知。

现在想来，如果当初我坚持继续学美术，父亲应该也会支持我，也许我考大学会更容易，现在也可能从事着我梦想的行业，成为一个艺术家。

02. 沉迷视频剪辑

从小我就对电脑有浓厚的兴趣，初中时已经自学Word、Excel、PPT。高中开始，流行数码相机，大家都拍了很多照片，可以传到电脑上永久保存，十分方便。那时候我就开始给班级做配乐的电子相册。

到了大学，我参加了学校的电视台，学习了很多拍摄和剪辑的技术，开始做各种校园节目策划、晚会导播、特效混剪、宣传片制作、校园短片拍摄等工作。那时候经常通宵熬夜剪片子，乐在其中。视频制作一直处于业余状态，也没得过什么奖。

工作之后，我有幸参与了“大连发现王国”的实景音乐剧《加勒比海盗》的LED背景视频制作。2017年参加了网络大电影《诡异森林》的制片、执行导演及剪辑工作，电影上线后半年，因不可抗力因素被迫下线。

在电影和视频这条路上，我虽然有热爱，但并没有深入系统地学习过，全凭自己摸索；虽然付出了很多时间、很大精力，始终无法做到非常专业。

03. 拖延成为我人生路上的最大阻碍

虽然我大学读的是计算机系，我当时基础学科成绩也挺好，但那个时候对编代码没什么兴趣，也没有入门，也就是应付考试得个90分的程度。

工作之后，我才开始喜欢上软件编程和产品设计。过去十年来我花在写代码和研究软件产品上的时间也非常多，做了很多实用的小软件，自己用得很顺手，但到目前没有一件能拿得出手的广泛适用的程序。此外，也为几家公司做过网站，只有一个网站仍在使用。

由于工作的需要，我自学了Photoshop、Illustrator等平面设计软件，为惠普、三星、AMD等公司设计过平面宣传品。我还为三星产品做过发布会PPT，开发过产品课程，写过产品的行业应用方案。

除此外，我还做自媒体、写公众号文章、做小红书美图、做抖音视频，都有一定的流量，但也没有一直坚持更新。

在旁人看来会产生这些疑问：你怎么会那么多技能？怎么什么都做过？有什么是你不会做的吗？

但我自己清楚，我“好像什么都会，但哪一样也没做到精通”。

虽然我自诩为完美主义者，但我之前做的这些事情，拿出的结果并不完美。

我开始问自己：我的能力也并不差，学习能力非常强，为什么一直无法获得想要的成果呢？虽然我有很多答案：拖延症、坚持不下来、没有专业的人来教、遇到困难就绕开等，但这些都不是本质的原因。

我发现我缺乏把一件事情学精、学透、做完整、做到底的决心和毅力。

可是这种决心和毅力从哪里来呢？

04. 教练对话给我带来改变

直到我遇见了教练对话，我找到了答案。

这种决心和毅力我本身是有的，只是之前的我没有把它调动起来，教练对话充分激发出了我做事的决心和毅力。

当我了解到教练对话能够如此神奇地帮助人解决问题，非常符合我“成人达己”的人生使命时，我当即决定将教练作为我终生的事业。

当我通过教练对话，帮助了一个又一个人解决了困惑时，我感受到了发自内心的喜悦。这是我在完成“成人达己”的使命时，自然产生的成就感，是用钱换不来的。这种正反馈激励着我不断地做教练对话，帮助更多的人，激励着我学习更多的教练技术、精进我的教练状态，更好地支持需要帮助的人。

我对教练对话有如此大的热忱，拿出大量时间来学习、练习做很多和教练有关的事情，都不会觉得累，也不会觉得枯燥，让我能够克服所有困难。

05. 做自己热爱的事，坚持下去

真正热爱的事情，你连吃饭、睡觉的时候都会想着怎样去做。教练对话对于我来说就是这样的事情。

我曾经为了练习教练对话，一天约了四五场对话练习，每场4个小时左右，经常一场紧接一场，中间连吃饭的时间都没有。但我还是甘之如饴，甚至不会觉得饿，也完全没有累的感觉，只是因为头脑用多了，偶尔感觉到很困倦。

曾经我一天做了三场对话后，晚上9点50又做了一场教练对话，而客户完全没有感觉到我有精力不足的迹象。做教练对话，就像我的强心剂一样，真正热爱的事情调动了我内心的力量。

真正热爱的事情，即使不赚钱，甚至倒贴钱，你也愿意坚持做。教练对于我来说就是这样的事情。

我半年时间积累了100个小时的教练对话时长，最快一个月做了60场对话，并且在“一行教练特训营”结束后，马上就果断地报了“一行”的ACC直通车课程。最近又投入大量时间参与到“一行”教练峰会的筹备工作中，乐此不疲。我之所以在教练这条路上走得这么快，因为我确信我对教练的热爱，我相信我能够花很多时间学好这个课程，我笃定我一定会在这条道路上一直走下去。

即使教练的收入最终不足以让我将教练作为主业，我依然会把大量的时间、金钱和精力投入教练这件事中。对于教练，我不需要下任何决心，也没有任何的犹豫和怀疑。这就是我在教练这条路上走得这么快、这么坚定的原因。

很多人学习教练是想把它作为副业或者主业来做，其中有些人在看不到自己在教练行业的确定性收入时，就停下来或慢下来了。这种犹豫正是因为不够热爱。

这种犹豫不前，正是这些人无法在一个行业里快速精进、迅速获得成果的原因。这样的人，哪怕再投入另一个看起来能快速赚钱的行业，依然会有类似的情况，到时候还会有其他困难阻挡在他们面前。阻挡人们成功的只是不够坚定的信念。而对教练的热爱，是让我无视一切阻碍，大步向前、快速获得成果的利器。

孔子说“吾未见好德如好色者也”，就是这个道理。如果你想做成一件对你很重要的事，你需要像爱你最亲密的人一样爱上这件事，那么你一定会因为这种热爱而坚持下来，因为热爱而勇往直前，因为热爱而取得最终的成功。这种热爱可以实实在在地转化成强大的内在动力、勇气、意志力和执行力，并推着你向正确的方向前进。

06. 找到你真正热爱的事，不断精进

开放的好友、热情的知音、生活精彩的伙伴，可以打开我们的心门，让我们的世界丰富多彩。他们喜欢尝试新的事物，不断欢迎未知的挑战，一直寻找不同的兴趣，包容接纳所有的人、事、物。也许在与他们的接触中，就能找到你热爱的事情。

只有我们打开自己的内心，多付出真心，付出时间、精力和成本，才能结识更多带我们走进新世界的朋友。对这些好朋友、新事物付出更多，可以让我们不断思考，发现我们到底愿意为什么人、什么事付出真心。这样的人将成为我们的挚友，这样的事就是我们热爱的事情。

我们要多学习没接触过的知识和技术，要多尝试没有做过的、以前不感兴趣的事，也许从中我们就能发现自己喜欢的事。

此外，我们还要学会慢下来，学会用欣赏的眼光来看待你习以为常的事物，比如你的家人以及他们做的饭菜、你家的桌子、你不喜欢的朋友、小区的花草树木、红绿灯、太阳、月亮、雨、雪……体验每一件事带给你的感受，享受每时每刻当下的喜悦。

你可以通过做教练对话或自己回答一些问题的方式明确你的人生使命、价值观。在你做过的所有事情当中，选择出哪些事业、职业、身份，既符合你的价值观又能实现你的人生使命，这些事很可能就是你热爱做的事情。在这些事情当中，继续付出时间一一体验，最终找出你真正热爱的。

教练的漫漫长路需要一生来走完，途中还会出现许多艰难和挑战。但因为热爱教练，我相信我能克服所有困难！

因为热爱教练，我将走得轻松而从容，快速而踏实，体验着教练带给我的喜悦和成就感。

因为热爱教练，我知道我不需要刻意努力也能坚定地一直走下去！

我已经找到了我真正的热爱——教练。你呢？

微微 jo

行走人间，不惧特立独行

微微jo

培养自学能力的数学老师

家庭教育咨询师

鼓励师

“人生苦难重重。”这是《少有人走的路》开篇第一句话。《喜马拉雅》里老父亲也对儿子说：“当两条路在你面前，选择那条难走的路。”这是我非常喜欢的两句话。坚守自己的价值观、践行自己定义的人生，不人云亦云，随波逐流，需要额外的勇气，也会显得特立独行。但是走下去，这条路最大的奖赏是苦难重重中自我超越盛开的花。

01. 良师的启迪，逆境中的觉醒

四年级我跟随知青父母时回到了兰州，原本在小县城成绩还不错的我，一回到大城市就成了班里的差生。那时的我不被老师待见，没有玩伴，只有一个学习不太好的女生愿意和我做朋友。

记得一次我语文考了全班垫底的60分，语文老师当着全班的面，将我的卷子扔到地上。我走到讲台上，弯腰捡起卷子，再走回座位，那段路很漫长、很羞辱。我跟我妈哭诉，她安慰说：“没关系，咱自强。”我爸写信说：“望吾儿努力努力再努力。”擦干眼泪，我开始带着隐忍孤独前行。

痛苦总是能让人看到不一样的世界，读小学的我明白了三个道理：尊重是靠自己赚来的，学习好坏与人品无关，父母会在关键时候挺我。现在回头看，早明白早受益。等我成绩追到班级前十水准，虽说不再遭受老师和同学的白眼，但也就止步不前了。

直到初三，我遇到了影响我一生的语文老师周立。她是上海知青，笑声爽朗，走路昂首挺胸，教学风格与众不同。她一笔一画的书写，教我们一笔一画地做人；她要求我们每周写周记，然后会在周记本上用大段的文字跟我们进行深入的探讨和交流，我心底最秘密的话都在我的周记本上，每次盼着看她的评语，都会有被她拆掉脑袋里的墙的豁然开朗。她是我的偶像，我想将来活成她那样！可当高考临近报志愿时，周老师听说我想当老师时，却阻止了我，之后我放弃了报考师范的想法，放下了当老师的念头。但是周老师特立独行、认真生活、不人云亦云的生存方式却很深地影响了我。此后15年里，我认真走在“好”字当头的常规轨道上——考上北京的好大学，读好大学的研究生，大学毕业考上公务员，都是别人眼中的好选择。

02. 全职妈妈转型，开启教育使命的探索

工作的第3年，我的大儿子出生了。看着这个小娃娃，我不禁赞叹：“人这个物种诞生时怎么那么好奇、好学、充满活力？”同时我也在困惑：“人是怎么一步一步变得不那么好奇、好学、

快乐，且带着诸多残缺感和伤害的呢？”为了找到答案，我开始看各种教育方面的书籍，为此我们还搬家上了芭学园，渴望着呵护好这个小生命。在尊重有爱的环境里，孩子很真实和舒展，释放出个性与偏好的多样性，如果未来社会能允许每个人按自己的特色去绽放的话，本身就是有机的整体，世界会更加美好。教育，很重要，在当下，很需要！

我内心深藏的教育种子被唤醒了，等到工作的第11年，特别是老二的出生促使我认真思考：陪伴一个生命完整过程的机会仅此一次，如果离开人世的时候没有去尝试一把教育，会不会后悔？答案是：会！于是，我离职了。先选择当了全职妈妈，我想这样的亲身陪伴经历是我将来从事教育的底气。很多人无法理解我会从体面的公务员变成无业的全职妈妈，唯一没有质疑语气的人是我的妈妈。她问我：“想好了吗？离开公职就回不来了，全职妈妈会非常辛苦。”我说：“想好了。”她说：“那就去做吧，你要允许别人不理解。”她一直在挺我。

这一次调整我想得很明白：选择工作实质是选择生活方式，坚守一份职业不应该是在别人眼里有多好，放下一份职业也不应是这个工作有多不好，而是很客观清醒地知道这份工作的可贵价值。时光有限，选择契合内心成长需要的最好。

选择需要勇气，承担选择的结果更需要勇气。做全职妈妈确实艰辛，特别是老二两岁后我独立带俩娃的那两年：7天24小时在岗，无薪无假无休，业绩隐性，队友单一，体力心力双耗，价值感容易走低。当老大学业遇到问题，我开始焦虑，担心老大的未来，怀疑自己的理想和选择，质疑自己做教育的能力，身体也开始出现症状——失眠、左臂麻木……那真是一段暗黑时刻。好在家人理解陪伴，自己也主动通过针灸治疗，身体慢慢好了起来，心理状态也渐渐恢复。等到老二上幼儿园，老大上中学后，我放下曾经的理想色彩和自我怀疑开始重新学习。我加入了安猪的“新教育成长年计划”，有幸到全国多所创新学校去调研，认识了好几位志同道合的教育爱好者，特别是田鲁峰老师。他在教学中的松弛感和智慧让我非常敬佩，他总是乐呵呵的，能随机应变顺应学生的当下状态，对教育方式进行调整和对孩子进行鼓励。我发现我与他最大的差异在认知上，焦虑更多来自孤陋寡闻。我一路从大学到机关过于平顺的阅历，导致我对社会和人的认知不够多元，以至于在同样的问题处理上我无法做到多容和弹性，比如我理性上认为学历不是最重要的，但是我就是靠学历获得了一切，周围也都是大学毕业的人，考大学就是唯一正确且安全的道路。因此，孩子任何可能会脱离大学轨道的行为和迹象，都会引发我的紧张甚至焦虑。

03. 打破行业偏见，开启自我超越的旅程

我意识到自己不能带着残缺的认知去做教育，一定要去真实

的社会大学学习深造，看看学历对个体发展的意义究竟有多大。刚好一个做保险的朋友联系到我，这个职业入职门槛低，接触客户学历不同，既适合观察，也可以增加点收入。做保险的一年时间，我的成长是显而易见的。第一是打破了我对行业的认知偏见，特别是对销售岗位的认知。销售岗位是实现个人综合能力提升的优选，好销售都具备目标导向、自律自驱、观察细致、嗅觉敏锐、行动迅速、抗挫抗压、情绪稳定且学习能力强的素质。第二是打破了我对学历的偏执，工作中判断力、学习力和行动力更容易成事，有的学历不高的伙伴在机会面前的敢于行动、不怕犯错、不断迭代的特质常让我望尘莫及。第三是打破了我单一的甲方思维，我悟到与孩子沟通不畅的一个很重要的原因是习惯甲方思维没有乙方思维，带着销售的状态将孩子视为客户，沟通会变得态度和蔼、以目标导向且经得起反复，人会变得灵活起来。这一段体验，让我彻底打破了对于学历的执着：比学历更重要的是“学力”；学校可以很大，大到社会。随着对社会的认知更真实立体，我对教育的理解也渐渐有了变化，增长知识不是目的，塑造健康价值观、成为终身学习者是教育更重要的目的。

当自己准备到一定程度后，迈入教育领域的机会就一步一步来了。经田老师介绍，我开始跟随北师大崔光佐教授学习和实践光佐数学思维训练，经过几年实践，我对每个人天生具备自学能力越来越笃定，对数学在提升智力、提高解决问题能力以及培养坚持不懈意志、品质上的价值越来越认可。2021年，很感恩有机会作为全职教师进入一所创新学校当初中数学老师，打造以“培养学生自学能力”为主的初中数学课堂。

搞创新就一定会面对错误，一路兜兜转转至此不易，为了提醒自己，教学之初我给自己定了三个原则：以提升学生的自学能力为教学目标，坚信人本自具足，自学能力是人与生俱来的，需要困难打磨；不断修正完善，以有利于长远价值观塑造、意志品质培养以及终身学习能力提升为权衡标准；对教师教授的有限性与学生发展的无限性时刻保持清醒认识，尽量给学生留出时间和空间。在接下来的三年里，锚定方向，边学习边实践，深一脚浅一脚地摸着石头过河，进步时不敢得意，困惑时如履薄冰。好在坚持下来，不断迭代，渐渐打造出这样的课堂：以学生独立学习为主，教师指导为辅；共性问题课堂讨论，个性问题一对一指导，教师指导以提问为主；学习内容和方法统一，学习进度不统一；主体使用思维训练，配套教材、肇基游戏和项目活动，根据实际需要随时借机进行价值观塑造和学习方法传授。

一开始学生们是很不适应的，课堂上“老师，我不会”的叫声不绝于耳。是啊，拐杖拿得久了，都忘了自己有腿了。所以第一步是狠心撤去拐杖——不讲解，只对结果回答正确与否，且不给答案，没了念想的他们只能慢慢尝试和摸索，有时困苦，有时挣扎。而我要做到的是忍住，冷静观察了解学生思路卡点，尽量做到“不愤不启，不悱不发”，必要时垫几个提问引导思考并保持鼓励。特别是忍住不给答案，提问垫到最后一步也不能说答案，为什么呢？因为要把解出来那一刻的喜悦留给学生，一般他们会情不自禁地发出“噢……”，这声音很美妙。

随着独立解决问题正反馈的增多，学生们会越来越相信自己的学习能力，以至于有时候我忍不住要出手相救，他们反倒会说：“老师您等等，我再想想。”我想作为老师，最有价值的不是被学生依赖，而是放心地被他们抛开。自主探索后，包括我在内大家会一起讨论分享各自的解题思路和方法，让学生们意识到每一份独立思考对于群体的价值。

我希望我能像我的老师们那样带给学生不一样的影响。比如，直面困难，乐于独立探索，追求分享合作。倘若每个人都能绽放自己，那么有朝一日，“特立独行”就不需要勇气了。

陈丽莲

指尖舞梦，行动成就逆袭路

陈丽莲

环保推广者

轻资产创业导师

正面管教家长讲师

女性创业私域运营主理人

2012年3月29日，接到女儿电话，她收到美国纽约曼哈顿音乐学院的录取通知书了。她是一名工科学生，用业余时间学习钢琴，能考上自己心仪的音乐学院的硕士研究生，实在令人惊喜。

我在新浪博客写了一篇文章，分享女儿考学成功的故事，结缘了好几个学音乐的同学，后来有4位同学也获得曼哈顿音乐学院的录取资格。

我是如何协助女儿突破各种卡点，不断行动，达成目标的呢？

01. 从痛苦到热爱

女儿1岁多的时候，我的同事说，她让儿子学钢琴是为了让左右手带动左右脑，以后头脑更聪明。这使我萌发了想让女儿学钢琴的念头。

首先要给女儿买钢琴，1991年时一架钢琴需要8000元，作为工薪族的我，需要花4年的工资才够。正巧我赶上一个公派澳大利亚的协作项目，我省吃俭用结余约6000多元，加上父母资助，给女儿买了第一架钢琴。金钱其实不是障碍，只是我们要花得值得。为孩子未来投资，这是超值的。

很多孩子学习钢琴都非常痛苦，孩子哭，家长吼，花钱还坚持不下去。

女儿5岁开始学习钢琴，对五线谱很喜欢，几天就能够找对位置。但后来每次回课，老师更多是批评，总说其他小朋友弹得比她好。一首曲子弹几周，第一周回课弹得还好，后面越弹越差，女儿每次上课前都紧张得肚子疼。

有一次，做过幼儿园园长的姥姥带她去上钢琴课，告诉我老师这种批评式教育方法对孩子不好，建议我换老师。我先给女儿暂停了几个月的课。

我家附近有一家刘诗昆钢琴艺术中心，在那里有缘遇到她的恩师高桥雅江和冰泉夫妇俩。女儿从8岁到22岁出国留学，一直跟随两位老师学习，他们对孩子的教学是快乐教育，而且因材施教，充分发挥孩子自身优势。

但孩子练钢琴是很不容易的事，那枯燥的音符，一遍遍地练习，对于一个八九岁的孩子来说很乏味，如何让孩子产生乐趣呢？

当时中心正好在中国香港举办钢琴比赛，我给女儿报了名，她获得她年龄组的一等奖。这次到香港参赛对她小小的心灵是非常震撼的，她体验了成功的快乐，悄悄地和我说："香港真好！"一颗想看世界的种子埋在她心里了。从此她学习钢琴不再痛苦，在音乐世界里畅游。

她的恩师也特别注重孩子们的演出和比赛经历，女儿在北京音乐厅、中山音乐堂和音乐学院音乐厅参加过很多次演出。还跟随老师参加国内外各种钢琴比赛，获得意大利国际青年音乐大赛、KAWAI亚洲钢琴比赛、上海国际青年钢琴比赛、西班牙斯坦伯格国际钢琴比赛等奖项。

热爱是最好的老师，能够让孩子们天赋才华发挥到极致。成就感让孩子有梦想，一路前行有力量。无比感恩两位恩师。

02. 面对阻力，行动百分百

女儿立志做一个音乐人，她希望去国外留学，开阔眼界，提高专业水平。

但是阻力来了，家人发出各种反对的声音。

“我们是一般的工薪族，出国留学都是有钱的富人孩子考虑的事，我们没钱交学费。

“工科专业毕业，去考音乐学院硕士，那是不可能的。

“在国外有各种危险，很多孩子出国后就学坏了。

“一个女孩出国留学，回国年龄大了耽误将来的婚姻，回国工作也不好找。”

劝诫反对的声音虽然都带着爱，但也是阻碍。我该怎么办？我最爱我的女儿，能为她的梦想插上翅膀，永远是我前行的动力，我义无反顾地开始行动。

我们筛选了学校，递交了申请表格、录音、视频，去了美国得克萨斯州的奥斯汀、波士顿和纽约3个城市参加现场面试。不会英语的我，亲自陪女儿去美国，订酒店、机票，安排行程、食宿和练琴，有意愿就一定有方法。

女儿一开始觉得考上曼哈顿音乐学院的可能性不大，建议不去纽约参加面试了。我从小教育孩子的理念，是做事一定要付出百分之百的努力，不留遗憾，但不执着结果。不管能否考上曼哈顿音乐学院，我们一定要去尝试一下。

女儿通过自己的努力、恩师的指导、贵人的相助和我的陪伴，最终拿到了曼哈顿音乐学院、波士顿音乐学院、卡内基梅隆大学等几所学院的硕士研究生录取通知书。实现业余学习钢琴的工科生考上专业音乐学院的结果。

最后她选择就读曼哈顿音乐学院钢琴演奏专业，有幸成为84岁著名的费希白恩教授的学生。

女儿后来说过一句话，让我感动流泪，“妈妈，没有你的坚持，就没有今天的我。”我也特别感恩女儿，没有女儿的梦想，就不会成就一个持续努力的我！

03. 吸引力法则，心想事成

女儿考试时并未选择研究生的教授，当她到美国学校报到时，特别兴奋地告诉我："妈妈你知道我的教授是谁吗？就是费希白恩教授。"

在女儿9岁的时候，我买过一本书《在西方创造神话的中国女孩》，是钢琴神童缪茵的母亲写她如何带着女儿，在美国无比艰苦的环境下，培养女儿学习钢琴，喜结费希白恩大师，神童跳"龙门"。

当时我好佩服这个妈妈，也很羡慕她的女儿有这样好的老师，但我没敢想象女儿会和这样的教授结识。因为我们周围几乎没有考上这样音乐学院的孩子。像钢琴王子郎朗这样的人对我们来说，只是传奇般的存在，距离我女儿的现实很遥远。

一颗小小的种子悄悄地种下了。女儿在高桥雅江恩师的指导和帮助下，从5岁开始，17年的每一天都在努力，汇聚了1万小时的刻意练习。

我动用所有积蓄的资金、保单贷款和信用卡分期，我父母拿出他们的养老金，补贴女儿的留学费用，用爱为女儿梦想助力。

当所有人聚焦目标而全力以赴之后，就是依靠吸引力法则迎来心想事成的结果。我在美国给女儿拍下她和费希白恩教授的合影时，那种开心是无法用语言形容的。大自然是多么神奇，当你无比相信并坚持行动时，不可能就会变成可能。

04. 业余VS专业，凭什么赢

很多学音乐的孩子，从音乐学院附小、附中、本科一路走来，最后考国外音乐学院研究生，这仿佛是约定俗成的道路。回顾女儿考试的过程，曼哈顿音乐学院从报名几千人，面试几百人，最后录取只有十几人，竞争非常激烈。绝大部分考上的，都是音乐专业的学生。

我女儿是用业余时间来学习钢琴的，大学是北京航空航天大学工科学生，能够考上曼哈顿音乐学院钢琴演奏专业的硕士研究生，主要有几方面。

首先是热爱，因为热爱可以抵万难。所有乐器的演奏，都需要大量练习，过程是非常枯燥的。唯有对音乐很喜爱，感觉是快乐的，才能坚持。我女儿周末的时候，一天最多能练琴7个小时，她都不感觉累。

热爱之下的行动，从量变到质变和刻意练习，又是非常关键的因素。作家格拉德威尔在《异类》一书中指出：1万小时的锤炼是任何人从平凡变成世界级大师的必要条件。我计算了女儿的练琴时间，17年共计12000小时。不是简单重复，是刻意练习的1万小时。

其次是身教胜于言传，家长以身作则也很重要，我过去曾经是纺织高级工程师、物业管理师、餐饮营运副总经理、理财规划师。退休后还学习了正面管教家长讲师、整理收纳师、得到大学的课程，今年60岁的我，会背起背包，去旅行、去学习、去探索生命的精彩。

女儿在美国纽约留学两年，上了她最心仪的学校，学了最喜欢的钢琴专业，开阔了眼界，增长了见识，面对未来她敢于尝试各种可能性。她结识了同在纽约留学的原清华大学毕业的男朋友，甜蜜地相恋两年，毕业回国后结婚生娃，幸福地生活在一起。

现在的女儿，演奏、作曲、教学，在自己喜欢的音乐领域，发挥自己的天赋才华，实现了她做音乐人的梦想，我作为妈妈特别开心，祝福她。

每一个孩子都是优秀的种子，相信、专注、持续行动，不断提升自我，才能改变生活，实现逆袭。

司马医

不要停止对自己的探索，不要给自己设限

司马医

小镇青年上路的医学硕士

小红书眼科普知识博主

“一行”认证教练

“将自己能量最大化，影响更多人得到正向的生命状态”的人生使命终身践行者

我是一名资质平平的小镇青年，我想给大家讲讲我3次坠入人生低谷触底反弹的故事，恰好，都与考试上岸有关。可能不足称奇，但这3次经历杂糅了我太多恨怨嗔痴和夜不能寐，我想把它真实地记录下来，仅此而已。

01. 耻辱与自卑淬炼下的高三复读史

小时候，和其他孩子相比，我没有任何引以为傲的东西，个子矮小、皮肤黝黑，颧骨外侧的脸蛋随时晕泛着两片高原红，后脑勺拖了一捆快到大腿的马尾辫，每天都被手工编织的黑毛线套裹包着甩来甩去。因此，“红富士脸蛋”和“骡子尾巴”成了男同学喊我最多的外号，我感到耻辱而自卑。18岁那年我高考落榜，妈妈说要把我送到县里学理发，我的耻辱和自卑达到了顶峰。

那是2011年的夏天，我下定决心要复读，但我的基础很差，尤其是文综，只考了150多分。我为了保证每天早上6点钟起床背书，果断剪掉了长马尾来节约梳洗时间。也正因为长期早起加上白天课程密集，午饭后是我最容易犯困的时候，总会不由自主地黏在床板上梦归深处；有时晚自习实在困乏，趴桌子上睡着也是常有的事。因此，下午和晚上频繁犯困是我复读初期遇到的最大难题。那会是10月份，我经常刷到QQ空间动态里已是大学新生的昔日好友们正在解锁新奇体验：高楼林立、车水马龙，目光炯炯的教官及五湖四海的朋友……一切似乎都是那么让人好奇与神往。

“热闹是人家的，我什么也没有”，从那之后，我从县里的新华书店买了一本很厚的励志书，上面有一篇篇古往今来的励志人物传记故事，我每天下午饭后都会阅读一篇，当班级同学还在闲聊嬉闹的时候，我就会带着励志文主角的能量夹一本历史或者政治书去楼下花坛边上背诵。晚自习如果犯困，我会铺开一张白纸写下对未来的所有愿景，直到想不出来为止，每写一次，我都会加深对未来的期许，然后继续刷让人头疼的数学卷子。

功夫不负有心人，我的成绩从班级垫底一步步提升，最好的一次考了班级第二，班主任看我的眼神都变了，当着全班人的面夸我进步巨大。次年6月份，高考成绩出来的时候，父母的手机上第一时间收到了短信通知，我的分数比前一年提升106分，是班级第三，超了一本线5分。妈妈说了一句：“我们女子还是可以的！”我最初复读的目标就是要上一本线，我恰好达成，当时对自己非常满意。

回溯这段经历，受自己和身边人的认知所限，遗憾的是我没有给自己定一个更高的目标，比如考上211或985名校，比如考上自己最喜欢的专业。当时的县城是我去过的最繁华的地方，我连985和211是什么都不知道，有人说了，你可以把目标定为清华、北大啊，这个我当然知道，但它们对当时的我来说，只是小学贺卡上一个遥不可及的祝福：祝你长大后考上清华、北大！那是一个拥有“红富士”脸蛋的丑小鸭想都不敢想的事情。

好在，我通过上大学赚到了一张去大城市的门票。

02. 大学考研——化被动为主动的命运逆转

在我的老家，大家都认为，女孩子就应该有一份安全而稳定的工作。受着这个思想的指引，我填报了一个毕了业就有工作的提前批免费定向就业的中医专业，毕业后就会在某乡镇医院当一名医生。

当我真正学习中医专业课时，可以说是两眼一抹黑。临床医学的尽头都是和一个个鲜活的生命打交道，它要求你客观、有逻辑、有理性思维、有理化基础，这对有文科底蕴和莫大想象力的我来说简直就是一场巨大的灾难。大家一定想着另一个逆袭的故事可能就要开始了吧，并没有！大学4年，我就躺平了4年，成绩一直垫底。反正毕业后无论怎样都有工作，这反而成了我的退路。

后来我是怎么突然想考研的呢？一切都要说回大四时，那会，我的“红富士”脸蛋没那么厉害了，也懂了一点穿衣打扮，身上带了点悲春伤秋的文青气质。可能对方是被我文青的气质吸引了吧，我恋爱了。恋爱的对象不是一般人，是一个超级学霸。他身上有当时我能想到的所有优点：幽默，班级第一，英文好，班长，进了大厂，收入很高，小镇青年逆袭2.0。总之，我真的很喜欢他。当我意识到我们最大鸿沟的出现是：我在一家地级市中医院实习，他在欧洲外派长期出差做项目。也就是说，他在和外国友人用英文交流意大利海岸线到底多美的时候，我还在烧伤外科抬大腿，下手术后想着带教老师会不会请我吃一顿免费的午餐。

所以，分手是必然。这次分手也让我真正看清自己不想回到乡镇的强烈愿望：“我不就是从乡镇来的吗，难道要这么早就回去？躺完大学躺乡镇医院，你甘心吗？”自问了很多个类似问题后，我捋顺了思路，确信只有考研才是自己的唯一出路。

我当机立断，在混住的实习宿舍旁边租了一个便宜的酒店单间，买来六七斤鸡汤书供在书桌上，开始了漫长又艰辛的复习。一切学习都要从零开始：我的医学课本的课堂笔记不是一片空白就是写到一半的歪歪扭扭的文字，意识到自己不是没听就是在打瞌睡，所以我特别恨铁不成钢地制订了复习计划。我租住的酒店隔音特别差，经常听到五魁首、六六六的干杯兄弟情和小情侣的打闹嬉笑声，有时还会听到外面楼区至亲离世奔丧恸哭的凄厉声，刚开始我烦得不得了，后来会看半小时鸡汤书后给自己洗脑：我是一个有梦想的特别的人，慢慢就真的背单词、记方剂不受干扰了，抗噪声学习技能日渐养成。

考前一个月转战学校图书馆，看到一群坐在教室的同频备考的小伙伴，我眼泪都要流下来了：终于找到组织了！但见到图书馆的小伙伴们模拟考出分没一个比我低的，我哭得更大声了！最可怕的是，背书间隙有时会不由自主想起学霸前任，哭都不知道怎么哭了，没办法！只能硬抗！实在难受时，我也只能去操场放开跑个三四圈、耳机循环播放《追梦赤子心》，回来继续做题。

2017年4月研究生笔试及复试放榜，我如愿上线。我的分不算高，我的复习计划也不是安排最科学、最高效的，但是我真的拼尽全力了。我这才又一次留到城市，没有回到乡镇，成为我们班里唯二考研上线的人。我依然觉得，我可以是自己的英雄吧。

03. 医路升级打怪——考博上岸

2020年研究生毕业，正好碰到新冠疫情，工作没有着落。

那一年间，我找工作屡屡碰壁，见过的HR数不胜数。我印象最深的是一家本地三级医院画着明艳红唇的女HR。她看到我简历的第一句话就是：中医专业的我们是绝对不会收的，收西医大专也不会收你们。那一刻我意识到专业歧视的真实存在，同时也意识到自己的弱小、毫无竞争底气，后来我在机缘巧合下入职了一家规模不大的专科医院，算是有了一份比较稳定的收入。

随着见到的病患越来越多，我越来越意识医生扎实的专业技能水平才是患者信赖的根本。我经常管理手术病人，在讲解手术决策的时候经常对上患者及家属无条件相信的眼神，总觉得自己的学识尚浅，很希望将自己的专业知识体系进一步升级。于是，渴望自己强大的火苗再度燃烧了起来，回家后就开始默默浏览高校博士报名网站，在确定自己想要报考的一所北京的院校后，就开始白天上班，晚上看书的生活。

在博士考试还剩两个月的时候，由于自己边上班边复习的效率低下，我抱着被辞退、背水一战备考的想法直接冲到了院长办公室，开门见山地申请两个月的假来全心复习考博。令我万万没想到的是，当时的院长对我抱有极大的同理心：她认为我追求进步是好事，很爽快地答应了我停薪留职考博。

一个人租房备考的日子自此开始，我强迫自己戒断了所有社交媒体软件。由于我没有太多积蓄，当时每天上午都会叫两顿最便宜的外卖，就为省出下午的跑腿费，凉了的那份下午拿电饭锅热着吃。过年是最难熬的，外面礼花阵阵、鞭炮齐鸣，我一个人坐在阳台的书桌旁刷英语卷子。最难忘的一件事是，距离考试半个月的时候，中医“五运六气”里有一个知识点我花了3个小时都没搞懂，终于崩溃大哭，给朋友打电话胡言乱语哭诉了一个小时。时间不多了，但不能半途放弃不是吗，自己撂下电话情绪稳定后又开始死磕问题，没出一个小时，我终于搞明白了！那时真的体会到，考博，才是真正意义上的一个人的战争。

两个月后成绩出来，我考了本专业第三。阴差阳错地，我当时也拿到了一份西北地区自己专业头部医院的Offer，所以后来便放弃复试和去京的机会。但这次备考经历又极大地升级了自己的知识体系和抗压能力，考博上线的事实也极大地鼓舞了那个弱小、自卑的自己。

三个考试故事到这里就结束啦。也许你会觉得：你不就是一个考试机器吗，有什么好讲的。但对于一个出生乡土、长了“红富士脸蛋”“骡子尾巴”的我，在没有任何背景和资源下，考试是我能想到并抓住的唯一逆转命运的机会。

结合自身经历，我也粗显地总结出4个道理：

1.人一定会为自己的认知买单，开阔的认知推你上青云，局限的认知拖你陷深潭，如果不想走得满身泥淖，不管通过何种渠道，一定要提升自己的认知；

2.没有哪一个小镇青年的奋斗史不是血泪交加，可以用自己经历的“草船”借鉴伟人成功事迹的“箭”，每天鸡血满满不太现实，但阶段性冲刺必不可少；

3.有能力提前布局，就尽量不要临阵磨刀；

4.不要停止对自己的探索，不要给自己设限。

苍苍

摆脱困境的唯一答案，就是行动

苍苍

一枚90后职场妈妈

自律践行者

咨询师

我是苍苍，33岁，在职单亲宝妈一枚，曾经是一名军人，军旅生涯历练了我坚毅果敢的性格，为我在遭遇重大家庭变故后能够快速廓清方向、及时调整，并通过笃定的行动走出困境奠定了基础。回顾那段艰难的时光，可以说，性格让我在经历黑暗后依然能够保持对生活的热爱，但行动，才是最终带领我走出低谷的关键所在。

都说男怕入错行，女怕嫁错郎。我是既入错行，又嫁错郎。而立之年，什么也没立住，只在一个自己完全不喜欢的行业里白白蹉跎了12年，婚姻也是走的体验派路线。两年时间就让我全流程感受了一把只在电视剧里才见过的狗血剧情，这一度让我深陷自我怀疑，再也不相信我对人和人性的基本判断力，庆幸的是女儿已经出生。即使下半辈子不再婚，我也可以独立自主、恣意洒脱地享受一个人的大女主生活。

只是我没料到，失败的婚姻如此伤精耗神，一把夺走了我对快乐的感知力和幸福力，对任何人和事都再也无法付出赤诚的热情。纵然在此过程中，我没有放弃过想要向上生长的念头和努力，但总是不能持久。常常是三分钟热度过后就无疾而终，并且成为一个自己最不喜欢的那种情绪不稳定的暴躁妈妈，在陪伴女儿成长的过程中留下诸多遗憾。

就这样，离婚后我又陷入了工作和异地带娃造成的纠结和情绪内耗中，每天囿于对职场斗争的厌恶和对孩子成长而我却不能及时陪伴的焦虑中难以自拔。

直到去年，这种纠结的情绪达到了巅峰，我感受到前所未有的生活危机。一边是工作岗位无法调整，而与日俱增的职场斗争让我不堪其扰；另一边是女儿上小学在即，没有打过幼小衔接的基础，担忧注意力不够集中的女儿能否顺利度过一年级的过渡阶段。这两种压力让我一度濒临巅峰。回想当时的状态，我想要辞职的念头也已经到了箭在弦上的程度，只待有一个突发事件让我不得不作出抉择，我就立即行动。

幸亏我的工作收入不低，能够保障我和女儿较为富足和自由的生活，在没有找到好出路的时候贸然辞职，需要的不仅是莫大的勇气，更需要有能够用来谋生的技能或职业规划。而我什么准备都没有做好，工作这么多年来，除了形而上的那些套路和模板，我不知道我还有什么别人不知道的信息或认知差，抑或是一门能够为我们娘俩提供最低生活保障的“手艺”。

01. 先行动起来，哪怕只有“三分钟热度”

很多问题我想不明白，也不想去想，只想躺平，只想找回感知快乐的能力。我试图寻找自救的办法，最终在尝试过各种收效甚微的方法后，我决定正视自己“想太多而做太少”的问题，先行动起来，哪怕还是和以往一样只有“三分钟热度”。没想到，这一次，我竟然践行自律到了现在。我先是厘清了自己想要的人生，确立了人生成长的OKR（目标关键结果），找到了破解现阶段困境的方法，并拆解到年—季度—月—周—日，日拱一卒的节奏清晰而坚定。为了多多争取用于我个人成长的时间，我开始早上5点起床，在冥想、阅读和学习中迎接每一天的晨光；为了遇见更健康、乐活的自己，我重新思考了运动的意义，并真心爱上跑步这项运动，在一个又一个的5公里、10公里跑步中，我体会到心流，也找到和自己相处更好的状态；我用最短的时间读完了近年来最多的书，完成了100天读33本书的挑战；我调整了和工作的关系，把工作作为富足人生的实践场，不再为复杂的职场关系和低效能的工作内耗自己；我换了一间自己喜欢的房子，住到了充满阳光、靠近父母的地方；我学会了观察和接受自己的情绪，松弛地处理孩子的教育成长问题；我学会了写晨间日课，通过每日复盘来摆脱低水平的循环，用记录生活中不起眼的小确幸来提升幸福感。

截至现在，我已经践行早起300天，阅读书籍58本，跑步累计792.82公里，体重减掉了20斤并且没有反弹。我把这段变好的经历真诚地分享给我的朋友，她们也开始加入了我的“早读跑”行列，我们在互相鼓励中找到了中年“破局”的最有效方法。

02. 人生逆转背后的行动密码

第一个密码是在跑步中遇见更好的自己。这一切的发生，现在看起来是水到渠成。但我必须承认，在一开始时，要开始行动非常不容易。其实我的工作对基础体能是有要求的，所以10多年来，我一直被要求要保持相当频率的锻炼，包括跑步、仰卧起坐、跳绳等。但因为是工作要求，所以我一贯非常排斥，认为工作已经通过这种方式严重占用了我的个人休息时间，尤其是打卡发到单位群里的要求，更是让我厌恶至极！《早起的奇迹》中一句话点醒了我：“跑步和现在的生活，你更讨厌哪个？”毫无疑问，当然是现在的生活。而“跑步—减重—开心—重拾信心”的结果链条就是我目前最容易做到的“目标杠杆点”，也就是只要我开始认真对待跑步，悦纳跑步，接下来就能慢慢遇见体态更轻盈的自己，自然而然就会更有心情拾掇自己，进而能重拾自信，撬动其他正向行动。相反，如果我以减肥为目标，就得从难以坚持和应付的控制饮食开始，那我必然很快就会放弃，因为这需要强大的意志力去支撑，而动用意志力去做一件对我来说并不急迫的事情，是最容易放弃的。只有当我开始行动，穿上跑鞋，先跑起来，才能有第二天、第二周、第二个月的坚持。好习惯就像有惯性一样，当你开始行动超过3天，你就会对这种让自己不断变好的感觉上瘾，对旧习的尝试反而会让自己感到心理和生理的双重不适。在开始跑步后，我的饮食习惯自行改善，再也接受不了重油重盐和暴饮暴食，尽管有时依然会嘴馋。但打开美团，翻看半天，会发现已经没有自己想吃的东西了，重口味的食物光是想想就会觉得难以接受。在这样的习惯养成中，我的减重目标也就自然而然地达成了。

第二个密码是通过早起来赚取宝贵的个人成长时间。《一年顶十年》中有一句话："让自己变得更好，是解决一切问题的关键。"而要让自己变好，势必需要投入足够的时间去用于个人发展。前面说过，我之前的生活节奏是每天在异地工作和远程育娃之间横跳，心里十分纠结，身心极为疲惫。所有事情结束后，只剩困倦，只想躺平。学生时期的阅读习惯一度中断，学习也变得功利起来，只为了各种考试而进行。时间越长，自己的知识越贫瘠，应对风险的能力越低。所以晚上学习和精进自己，对我来说是一个不现实的选择。

每天早上如何度过醒来后的第一个小时，会影响全天的状态。如果我在醒来后的第一个小时内状态懒散随意，那么我一整天都可能精神涣散；但如果我努力让自己每天的第一个小时变得积极高效，那么接下来的时间我也会如此度过。我决定把早晨起床后的第一个时段留给自己，在自己的个人发展上投入更多时间来摆脱低水平状态循环。但早起对我来说并非易事，云南和东部地区大约有两个小时左右的时差，夏季时东部地区的朋友们5点起床可能天就已经大亮，他们需要做的只是拉开窗帘，就能唤醒自己。而同一时间在云南，5点钟天还是不亮的时候，我需要强行叫醒自己。这在我对自己想要过什么样的人生还不明朗时，是不可想象的。我并不知道起这么早要做什么，但现在不一样了，我明确知道时间宝贵，只能投资在对自己有益的事情和人上。在晚上早睡不熬夜的前提下，睡得越多，浪费的个人发展时间就越多，这将是我的未来所不能承受之重。有了这样的想法和目标，我本来惧怕的“早起”就变得动力十足，在我决定要增加个人发展时间的第二天早晨，5点的闹钟刚响起，我就从床上弹坐起来，睡意全无，感觉浑身充满了能量！我郑重写下了30+岁的第一篇晨间日记，对自己接下来的人生进行了规划和任务拆解，并逐项标记了完成时限和完成可能性百分比，当这一切做完才早上5点30分，距离我出发上班还有两个小时，我还有整整两个小时的时间可以去为我的未来打基础，那种感觉很爽！

第三个密码是借助阅读不断突破认知上限。阅读对我来说并不算一件太有难度的挑战。学生时期，我一直都保有读书的爱好和兴趣，但工作后可以用于打发时间的选择和活动变多，让我中断了阅读，所以我常常会因为自己不阅读而感到焦虑。但一旦打开短视频App，又会一发不可收地虚度时间。自从那天早上5点早起后，清晨的宁静让我毫无想要打开手机的念头，只想阅读。我从《早起的奇迹》开始读起，没想到这本名字看起来很鸡汤的“畅销书”中竟有很多观点与我不谋而合，作者人生中“两起两落”的经历更是让我感同身受。我在那天的晨间日记中写道：如果别人可以，那我也一定可以！3天后，我便读完了这本书，更加笃定“早跑读”的行动将会为我蹚出寻梦的道路，后续我又以3—4天/本的速度接连看了许多本书。亲子教育类书籍为我提供了陪伴女儿健康成长的新视角；个人成长类书籍刷新了我对人生的理解；稻盛和夫的作品促使我重新审视与工作的关系；而财富类书籍则重塑了我对财富的价值观……阅读真的解决了我大部分由外界环境造成的情绪问题，也让我意识到自己当前的局限和未来的无限。

董宇辉说：“想只有困难，做才有答案。先起飞再调整姿势。”不要被想象中的困难打败，只有让自己变好，才是解决一切问题的关键，只有在行动中廓清迷雾，才能最终找到属于自己的方向。出发吧，每个人都是自己人生的创造者，让我们各自继续努力，终有一天我们会在顶峰相见。

电波君

人生无惧得失，一切坦然面对

电波君

职业事业规划师，服务超过100人

7年现场音频制作，参与政府活动超200场

10年视频制作，作品全网过亿次播放

我的生肖是猪，据说属猪的人很会赚钱，在财富这个领域内可以有很大成就。可是我的成长环境和“富”这个词没有关系。

我是一个“没有”父亲的“野种”，换个好听点的说法叫“私生子”。在我小时候，家里人告诉我：“你的爸爸是远在福建的做大生意的富商，因为工作原因不在重庆。”我当时并没有觉得父亲不在身边对我有什么影响。

其实，这个名义上的父亲我还见过一次，他以我的生活费为由，资助了我母亲很长一段时间。直到我22岁的时候，我才知道，我的亲生父亲根本就不是远在福建的“富商”，而是一个底层的普通工人，到现在为止，这个人我从未见过。

而告诉我这件事情的人是我的继父，也就是我弟弟的亲生父亲，他当时以为我知道这件事情后会受很打击，不停地安慰我，没想到我只是“哦”了一声。

“是谁重要吗？”

01. 人生福祸相依，学会坦然面对

我上小学时，觉得三年级以前要拿“好分数”挺简单的，经

常可以考高分。不过好景不长，上了三年级后就完全不行了，因为大脑的发育速度慢于教材难度的提升速度。在那个时候，很多题我就是反应不过来。像很多应用题，读了下一句，忘了上一句，自己经常有这种想法：我怎么这么笨呢？

既然都不会做，干脆就不写！考试考20分，30分有什么？习惯了，压根不在意所谓的“学习成绩”。

当然，老师对我这类学生的政策几年都没变过：无外乎放学留下来补作业、请家长。

补作业倒是无妨，可是经常请家长就不行了，一般的家长肯定受不了，至少面子上过不去，这就是我和我妈对抗最为严重的一段时光。

“擦了！重新写！又做错了！”

“这么简单的题，你怎么就是做不来？！”

“你这个娃儿硬是不听话，读书不行，成绩又差，毕业出来只能饿死！”

你可能体会不到我的感受：我害怕她生气，因为她生气就会动手打人。我唯一能做的只能是小心谨慎地尽可能别惹她。

同时我也会想：为什么我的妈妈不是一个能够理解我内心的人呢？

至于学校的成绩，受大脑硬件性能限制，不以我的意志为转移，管他呢？

从二年级到六年级，因为“学习”或者“教育”的问题，我妈不断“试错”，让我拿到少有人达成的成就：5年期间上过5所学校，其中两所学校是全托管制的。甚至还有学习武术的学校，准军事化管理，早上6点准时出操跑步、扎马步、打拳；吃饭之前要列队报数唱歌，重庆过了五一天气就会非常热，午休后顶着烈日继续训练，别提多辛苦了。

好巧不巧，我最讨厌的就是武术。恰恰我妈就会给我选这种我最不喜欢的项目，还要弄一个非常高端的理由：“就是要多吃苦，这能锻炼你的男子汉气概！”

那段时间，我每时每刻都有这种感受：我真倒霉，什么事情都不如意，想做的事情做不了，就不能让人活得轻松一些吗？

这个武术学校里的学生，有的和我年龄相仿，有的比我年纪更小。至于怎么进来的，有些是因为调皮捣蛋或学习不好，才被“流放”至此改造；有些是父母外出打工，家里没人照顾，只能被迫送学校代管。不管什么原因，反正都是一帮没有亲人在身边的小朋友，但他们具备一个人独立生活需要的所有能力：搞好个人卫生、洗衣服、刷鞋、洗碗、叠被子、整理收拾房间，甚至还有人会剪头发。

我们容易进入这样一个思维误区：以当下主观感受上的好或者坏，来预测未来结果的好坏。

我妈的所作所为让我难受的同时，还浪费了我成长的时间与机会，因为在这种地方很难遇到高人、贵人。不过这样的生活环境，却培养了我的好奇心。

02. 成功的关键是持续学习

2004年，我家购置了第一台PC电脑，并且连接上了宽带网络。对于小孩子来说，有了电脑，那就可以无法无天地玩游戏，要多爽有多爽，家长发现了也管不了。我妈不准我打游戏，可小朋友哪有可能对抗游戏的吸引力？游戏确实玩过，但是我没有沉迷其中，原因很简单：万一我妈发现了我玩游戏，又会收拾我，还是别玩的好。

我知道对于很多人来说，不能玩游戏的电脑如同废铁。但他们不知道的是，不玩游戏，你才有可能感受到计算机和互联网的魅力。

每次开机去点一下桌面上的“宽带连接”图标之后，就可以在浏览器中尽情释放自己的探索欲。只要你学会使用搜索引擎，你就可以问各种问题。在这之前，我会经常查字典学习各种概念，有了互联网，你的大多数问题都可以找到答案。从一个词条通过超链接跳到下一个词条，以至于我看百科就可以看一整天，那种好奇心被满足的感觉，特别有意思。

但是，不可能让小朋友天天“玩”电脑，毕竟要上学。于是，我就去找各种和电脑有关的书来看。我的第一本电脑书籍讲的是如何组装电脑，那本书我看了不知道多少遍。除此之外，我还让家里人订购了期刊《电脑迷》《电脑报》，人家上课听老师讲课，我就上课看杂志；人家的收获是考试拿高分，我的收获是学到超级多的计算机使用技巧。到了周末，我一有机会用电脑，就会尝试下载书里讲到的各种稀奇古怪的软件。当年的杂志质量非常高，不仅有电脑小技巧，还有最新的PC硬件动态、行业市场分析、技术发展分析。一篇深度分析的文章，看一遍至少也得40分钟，比语文课的阅读资料长多了，关键是非常有趣，让我学到了好多知识。

进入初中，我的考试成绩依然很烂，不过老师们却挺喜欢我，原因就是每到周末我就去给他们修电脑。说是修，其实就是重装系统，而且我不收钱，他们可高兴了。现在想来，虽然没赚钱，倒是蹭了不少饭。

时间飞快，凭我这个成绩，别想考高中了。当然，我也没想过要考高中，于是我成功上了职高，他们还在天天备考的时候，我已经去职高待了半年，因为上职高可以不读初三下半学期。

去到职高，我觉得教的内容太没意思了，第一节课教“计算机正确开机”，我就不去上课了，天天在办公室和老师们聊天。万万没想到，在老师办公室反倒能学到些东西。当时学校要去参加一个市里的职业技能比赛，我已经开始自学3D建模、动画制作和视频编辑了，就派我们去参赛。在这之前，学校没去参加过比赛，在备赛环节，老师在教另外的同学如何配置交换机VLAN

（虚拟局域网），我就在旁边偷学，非常好玩。

记得第一次去比赛的时候，要求制作一个“爆炸”效果，需要用到一个我从来没接触过的软件，我打开一看全部是英文，而且完全不懂操作逻辑。我一看比赛离结束还剩30分钟，瞬间就慌了。我突然就想到以前看《电脑迷》杂志里那些软件教程的套路，只要是软件都会有一些共通之处。我当场开始摸索软件的操作，经过各种复杂的尝试之后，发现软件的返回结果就是我想要的，心里暗喜。问题应该不大，开始做下一个内容。我直接新建了一个工程，殊不知我把刚才的结果给覆盖掉了，等我发现的时候，只感觉到心猛地一跳。一看时间还剩5分钟，我当时以最快的速度，紧赶慢赶地重新做了刚才的工程。没想到，比赛居然拿到了全市第二，这也是我们那个学校第一次拿市里的奖。随后，我就带着我的两个同学，一到学校就自学练习技术，成了学校的比赛专业户。

第二年，我没再上职高，直接去了市里的一家传媒公司，我当时工作是为了学习。2500的月薪，一做就是5年，我成了公司实际上的技术总监，作品在全国范围拿了奖。

之后，我突然发现我在这里已经没有新东西可学了，便离职做知识和真理的游牧民。

03. 找到自己的人生方向

13年过去了，我依然在不停地自学，从技术到投资，从科技到认知，从做事的细节到做人的经营，涉猎领域越来越广，知道并践行的道理越来越多。目前，我服务于一个顶级的投资界的大佬。

写了这么多，我想告诉你的是：人和人是不一样的，我们必须接受差异。在这之前，我以为我身边的每个人都可以像我一样通过自学掌握各种各样的技能，不停地朝着正确的方向走。但是，我发现我错了，在真实的环境里，人会受到各种各样的影响，遇到各种各样的意外，导致事与愿违。不过也不用怕，你可以通过遇到各种各样的贵人来获得帮助。

欢迎与我连接，我能帮助你找到属于你自己的人生事业的发展方向。

感谢我的家人、我的贵人和读者，以及我遇到的磨难！

C.C.

梦想加行动就可以让人生逆袭

C.C.

15年梦想与人生方向咨询经验

梦想力成长体系创始人，帮助10000+小伙伴找到热爱与梦想

用梦想力方法实现考研上岸、移民新西兰、欧洲旅行等101个梦想

新西兰高端房产媒体公司品牌创始人

人生是否真的有无限可能?

该不该相信自己能心想事成?

我们要如何寻找到自己真正的天赋?

我们将这些问题视为谜题，有时并非缺乏标准答案，而是我们没有见过足够多的生活样本，将自己困在考研、考编的狭小选项里，想象力和好奇心双双枯萎。

在这个迷茫横行的时代，人人仿佛航行在汪洋大海之中，找不到指引方向的罗盘，随波逐流地度过一年又一年。

如果你觉得自己站在人生的十字路口无从选择，或许C.C.的故事能带给你启发。

从国企和律所法务到心理咨询师、新西兰房地产广告媒体品牌创业者，从一个普通的小城女孩，到成功考上北京的211高校、移民定居新西兰，C.C.一路探寻着自己真正的热爱与天赋所在，也在持续尝试的过程中实现了儿时的梦想。

她非线性的人生轨迹，奇迹般地串联起来，让她最终心想事成。

实现梦想的C.C.，也帮助了10000+人找到人生方向和自己的梦想热情，她说：**“许多人的梦想很简单很纯粹，但就是难以实现或者他们自己就放弃了梦想，搁置了梦想，其中的原因在于**

我们总是被许多无关紧要的事务牵绊，无法发挥我们与生俱来的生命潜能。”

01. 梦想会推着人走向远方

高中时期的C.C.，在父母眼中是个十分倔强的孩子。

不同于同龄人对于未来的茫然，出生于贵州普通小城的C.C.，一开始就决心要到北京上大学。受制于北京高校在贵州招生人数不多，当时只有学霸才有较大把握能被北京高校录取。

第一年参加高考时，面对尚且不错，却很难被录取到北京的高考成绩，父母建议她去离家更近的大城市读书，但她毅然选择复读一年。

C.C.坦言，做出这个决定并不容易。一方面，自己的成绩一直谈不上优异，另一方面，在自己的周围，从未有人去往大城市生活，陌生遥远的大城市难免令人心生惶恐。**但她的内心始终有一个模糊而强烈的召唤，告诉她必须去往北京，这样才能真正展开自己未来的生活图景。**

在梦想的炽热吸引之下，C.C.顶住了压力，第二年如愿考上了北京的211高校，就读法律专业。

按照父母规划的路线，C.C.进可去律所赚高薪，退可考体制求稳定，没想到考研时，她又做出一个令人出乎意料的选择。

C.C.考取了国内唯一一所开设美国法学专业的大学，而不是更容易就业的热门民商或刑事方向。

这个看似任性的选择，几年之后却意外地帮助C.C.顺利地移民新西兰（研究生时期读的全英文课程可以直接兑换为本地的课程分数，不需要申读新西兰本地大学）。

回望学业上种种异于常规的选择，C.C.感慨道：“**如果你可以跟随内心的直觉去行动，你会发现自己所经历的一切宛如奇迹，这不是一条线性规划的道路，而是跳跃式的过程，很多看似不合常理的选择，最后会神奇地连成一条线**。在做决定的当下，你可能并不知道自己为何如此选择，只有好多年之后，你才能理解当时的选择会达成什么样的结果。”

但C.C.选择去往异国他乡定居的决定，并不是在完成学业后立即产生的。和许多人一样，C.C.也有一段迷茫期。

研究生毕业之后，C.C.进入体制工作，生活进入一种停滞的状态。“**当你生命的潜能无法得到释放的时候，你会缺乏意义感。对我来说，恐惧可以克服，生活上的安逸也可以放弃，唯一不能放弃的就是梦想**。”短暂的体制内工作生涯，让C.C.坚定了要去探索生命可能性的想法，于是毅然离职。

之后，C.C.进入一家心理相关领域的公司，也同时继续进行着对生活、生命本质的探索学习。在一堂课上，她遇到了思维契合、兴趣相似的爱人。更奇妙的是，两个人某天偶然聊起自己的梦想，发现对方和自己有同一个梦想：到新西兰去生活一段时间。

找到同行的伴侣之后，C.C.仿佛踏上了实现梦想生活的快车道。顶着周围亲友的否定质疑，两个人奇迹般地申请到工作签证，进而来到新西兰开始生活。

当一个人找到自己要做的事，内在会慢慢迸发出充沛的力量，跨越过原生家庭的阻力、资源的限制，奔赴自己的应许之地。

02. 斜杠青年从来无需刻意规划职业路径

2024年夏天最热的话题之一，必然是“什么专业好就业”，每个人都想抢先规划好自己的职业路径，拥有对未来发展的确定性。

话题热度高涨不下的背后，折射出大家的焦虑。可在充满不确定性的时代，过去的经验已经不再适用，我们很难做出完美的职业规划，只能随着时代的发展不断调整。

对于大多数人来说，跟随时代调整职业方向意味着不停追逐风口，而非向内挖掘自己的天赋与热情所在，到最后才意识到，自己早已一脚踏入名为“焦虑”的沼泽。

在C.C.看来，顺从自己内心真实的渴望去做职业规划，才能激发强大的驱动力。

童年时期，C.C.就发觉了自己的灵性天赋，她对宇宙和时间的规律十分感兴趣，因兴趣在大学时期她就开始用纸牌为他人提供心理咨询。但C.C.并不满足于简单地运用天赋。读大学时期，C.C.就开始学习相关课程，身处北京的她可以接触到众多国际性课程，却缺乏足够的学费。

她从不想着“等到攒够钱我再去学习”，而是用自己的技能去交换学习的机会。例如直接联系主办方，自告奋勇为老师免费做翻译来参加课程。通过各种技能交换的方式，C.C.得到了很多学习机会。

如果说这些达成愿望的方式尚不算新奇，还有一次达成愿望的方式，让C.C.彻底相信，“只要你想要实现愿望的念头足够强烈，就会出现各种意料之外，但又情理之中的资源来帮你达成。”

有一次，C.C.想要参加在地中海游轮上的10天课程，但没有足够的学费，游学团中的一位学姐，得知了C.C.的愿望之后，直接为C.C.支付了学费。在需要好几万申请申根签证的资金证明时，也是在另一位师兄的帮助下得以办理成功。C.C.在感谢他们两位的无条件帮助时，也问到为什么他们为什么愿意提供帮助？得到的回答是，能有机会去支持他人实现梦想，自己也感觉到幸福，这让C.C.对梦想的力量有了深刻认识。

在C.C.看来，实现梦想的前提在于放下“我是我的过去”的想法，忘记自己的资源限制，而是直接定义“我是谁”，直奔你的最高愿望而去。

有人觉得C.C.在法律专业上耗费了多年时间，放弃之后有些可惜。但C.C.却发现，自己在过往从事法律生涯中沉淀的方法论，可以反哺现在的咨询事业。

作为律师，她不断训练自己系统化分析事件的能力，当她将这项能力迁移到咨询中，她发现对比其他咨询师，自己有更强的逻辑性，能抽丝剥茧地推理出问题的症结，更好地理解咨询者所面临的困境。

其实，除了法务与心理咨询师这两个身份之外，一切又因从事的房地产法务工作，作为新移民C.C.对新西兰各式各样的房产构造和设计产生兴趣，现在还在新西兰成功创业开办了一家高端房地产媒体广告公司。

对C.C.来说，尝试做这些事同样未经过严密的人生规划，只是简单地随心所动，在行动中不断尝试，实现一个又一个小愿望，顺水推舟地成为斜杠青年。

03. 你不用再寻找生命的意义，你就是意义

回顾一路走来的历程，如果说高考时破釜沉舟的勇气，让C.C.从正面理解了梦想的力量，那么枯燥稳定的工作，则让C.C.从另一面理解了活出生命潜能的意义。

生命被浪费在烦琐的重复性劳动中，如同和尚撞钟一般的日常循环会滋生更多无意义感，加剧内心的挣扎与痛苦，现代年轻人的空心病便是由此而来。唯有朝着内心的目标去行动，才能让

人获得内心的充实与平静。

C.C.觉得，在现代社会，大家都陷入同一种生活叙事里。升学、求职、婚恋就像一场场比赛，哨声一响，即使不知道自己为什么要向前跑，大家也会焦虑地往前跑。

但其实每个人可以活成不同的样子，活出自己，而非被各种无关紧要的事物牵绊，浑浑噩噩地度日。

这也是她正在做一套有关于梦想力体系化课程的原因。这套课程和方法就像一本指南，帮助你寻找到自己要去的目的地，告诉你随身携带的背包里，需要装上哪些东西，路上你会遇到哪些问题。

许多人实现梦想的阻力常常来源于家庭，本该支持自己的亲人，成了阻挠你的力量。这一点对于女性来说，尤为明显。很多女孩看似活在父母给予的保护之下，却从来无法完成自己的真正心愿，只能在年龄焦虑与婚恋焦虑中打转。

但C.C.觉得，父母其实并不想成为阻碍，而是他们也不知道怎么去应对世事变化，害怕自己无法为你遮风挡雨，所以只能要求你做出他们可以理解的选择。等你走出属于自己的道路，他们反而会觉得安心。

C.C.希望，自己可以帮助更多人早一点踏上自己的梦想之路，“我希望大家不要受困于迷茫的状态，浪费自己的生命，而是直接踏上自己的梦想之路。不必太过瞻前顾后，当你寻找到你想要做的事，你去努力实现的过程中自然会激发出自信和力量。”

张进铖

做自己的 CEO，永不停下寻找自我的脚步

张进铖

资深质量管理者，15年世界500强企业经验

挑战自我，辍学500天到985名校录取

追求卓越，终身学习

“得到”平台获学分910+

01. 从“为什么”开始，探索人生的意义

1976年，我出生于云南一个贫困落后的偏远农村，家里有兄妹四人。记得在1993年，为了减轻家庭负担，也觉得考大学无望，我上了一年高中就辍学去了学校附近一家工厂打工，每个月仅200多元的工资，一年半后工厂倒闭。1994年我失业回家，跟着父母下地干活，不到20岁的我，在母亲心中一直算是乖巧听话的孩子，所以她还想让我回到学校，而不是像他们一样在农村度过一生。

1995年，父母托关系找到一位高中班主任，让我得以顺利回到高中上学，那时，前高中班主任对我再次回到学校后并不是那么看好。但我经过不到一年时间的努力，成绩达到了班级前10名。那时我每晚学习到12点，早上6点起床，目标明确，精力充沛，周末或假期只要帮父母干完活，就回到房间看书学习。可以说，那时的我找到了人生的第一个为什么读书——为报恩父母而读书。

转眼到了1997年，准备填报志愿的时候，为了回报父母对我的付出，又想到父母常年带病劳动，所以第一志愿选择了医学，

报考广州中山医科大学，想通过学习医学来治疗父母的病痛，但事与愿违，高考发挥不理想，并没能考上医学。虽然没能考上理想的大学，但也完成了父母的心愿，同时也打破了我们村里多年来一直没有出过什么大学生的记录，为此也影响到附近乡镇的同龄人，村里有好多辍学的孩子再次回到学校，后续村里每年都有考上大学的年轻人了。

大学录取通知书下来了，我被长春科技大学录取了，也就是现在的吉林大学，专修电子科学与技术。我于2001年大学毕业来到了深圳，进入富士康大厂，从此与电子工厂结缘。工作前两年，在职业选择中徘徊，从事过零件工程师，维修分析工程师，两年后选择了供应商管理，从此踏上了品质管理的道路，成为电脑生产中的质量管理工程师，也逐步走上管理岗位，带领团队突破性解决一系列品质问题，也从中找到自己工作的价值。

这些年来我一直在思索，自己人生的“为什么”究竟是什么？我发现和高中考大学的目的竟然如此相似，虽然没去从事救死扶伤的医疗工作，但从事了企业或者产品生产的“医疗”工作，作为质量管理，每天不是在找产品的病根，就是在找公司管理系统中存在问题，通过自己对“病因”的诊断，开出种种“处方”，不断让公司变得强大，我坚信每天给公司带来的一份份“处方”，对公司有一些启发和帮助。

总结下来，我人生终极意义在哪里？我要我的家人、朋友、同事、团队或是组织都因为我的到来有所改变；这样一来，即使我离开家人、朋友、同事乃至这个世界时候，他们也会因为我的到来而变得不一样。岁月匆匆，时光荏苒，自己也过了不惑之年，要是自己能更早一点想通这些，找到自己的人生意义，发现自己的“为什么”，或许自己的人生也另有改变。

02. 踩过这么多坑，究竟想成就什么样的人生

2016年，我结束了15年富士康的打工生涯，裸辞和朋友踏上了创业之路。谈到这里，还得追溯到2015年，为响应“大众创业，万众创新”，富士康在集团内部也推行了一系列的内部“双创”活动。通过各事业群提出创新项目，参加集团内部各种形式的路演活动。甚至在园区内把美食街门面改造成各事业群的创业展示基地，通过自主创新或挖掘新奇的产品在集团园区内部展示销售。无论个人、团队甚至每个事业群都想通过各种方式来实现“让人们在创造财富的过程中，更好地实现精神追求和自身价值”的“双创”梦想。

在这样的环境下，埋藏在内心创业的种子也就自然开始发芽生长。首先通过和同事合作，找到市场上比较流行的儿童定位手表，开启内部的路演及销售活动。随后逐步朝着健康管理方面，找到北京一家从事健康管理的公司，开始代理远程养老机器人，以此机缘结识了第一个来自湖北的创业伙伴×先生。跟随×先生

开始从事远程养老机器人和智能穿戴方案的推广销售，经过近一年的努力也没有把产品落地，最终以失败告终。因家庭生活的压力，我2017年过完春节从深圳飞到杭州再次回到打工生涯，从此开始了跟爱人两地分居的生活。

在朋友的引荐下，我结识了第二位创业伙伴A女士。2018年，开始了我们的外贸事业，借助自己多年在电子行业以及A女士在国际贸易方面的经验，我们共同创立了电池贸易公司，刚开始业务进展顺利，首年实现了盈利。转眼来到2019年，突如其来的疫情造成各行各业的停滞，小小的外贸公司也无法逃避，坚持3年后第二次创业再次以失败告终。

2021年6月，我在大学校友的推荐下，离开深圳到了东莞，再次回到工厂，从事自己熟悉的质量管理。东莞工厂是个比较传统的创立25年的民营企业，直接上司也是我的大学校友，通过短期与品质团队及各部门的磨合，很快再次找回自己在一个组织的价值，坚持以自己的到来会给组织带来不一样的价值。从公司内部核心的质量管理流程，产品追溯管理等环节系统梳理完善，最终经过一年多的时间，顺利建立起完善的产品质量反馈系统以及全面质量管理体系。

2022年底，公司组织架构调整，我从质量管理岗位转调到经营管理部门，经营管理部算是公司的核心大脑，需要统筹公司的各项管理指标，推动公司整体经营目标的有效达成。在经营管理中，有项核心的管理工作就是公司流程方面的再造与优化，以促使组织高效运转。

2023年，我从梳理公司内部管理流程开始，把部门核心流程结合实际进行流程优化，同时将优化后的流程形成内部运行标准文件。在整个流程梳理的过程中，深刻体会到“说、写、做”的重要性，以及要实现三者统一是多么具有挑战的事。很多资深同事，甚至部门管理者，虽然在各自的岗位上各种业务流程都轻车熟路，工作开展得心应手，但要把所做的过程写成具体标准的流程，这就是很大的挑战了，他们写的流程往往逻辑不严谨，表达不清楚。

华为轮值CEO徐直军在内部一次知识管理大会上提到“组织最大的浪费是经验的浪费”的观点。这句话强调了在企业运营中，经验的重要性以及未能有效利用经验可能带来的损失。组织如何避免经验的浪费，提升组织在流程建设及经验的积累？这或许是组织面临的最大挑战。

03. 知天命之年，在思想和行动上成为自己的CEO

记得初中在县城上学，周末有时到亲戚家做客，那时一到餐桌上，自己就开始紧张，手心冒汗，不敢和亲戚交流，弄得经常是吃一次饭下来就大汗淋漓了，那时想着自己这一辈子一定不会从事教师之类的行业。这样的想法直到踏入社会，在一次培训分享活动中，因为导师的鼓励，最终突破这样的内心障碍，开始喜欢跟团队进行分享交流，表达自己。

随后在20多年的职业生涯中，无论是带领团队，还是和顾客沟通，都需要不断提升自己的表达能力，这样才能把自己内心的想法得以传递、交流。最近伴随公司发展，开发了一家国际顶尖的客户，面对国外新客户，对于公司来说，最大的挑战就是客户的审核。从业务窗口获取客户的审核要求，从基本的质量审核、供应商链到技术审核，审核条款高达200余条，再加上语言方面的障碍（首先要把客户要求从英文翻译为中文，在翻译过程中不仅要把字面的意思弄明白，还得理解客户背后真正的目的）；其次就是通过对客户要求的理解，把公司的各种流程以及记录呈现给客户，体现公司真实的能力；最后通过与客户面对面交流完成稽核。在整个审核过程中，我负责客户审核条款的翻译及审核主导工作，这也促使我不仅得了解客户的真实需求，掌握公司内部的系统流程，通过稽核过程给客户呈现公司具备的能力，实现公司的表达。

2024年，我过了职业“厌倦”期，48岁本命年的我心朝何方，行向何地？2023年底，我通过一个偶然机会接触了古典老师，参加了个人发展共度会。经过与老师共读《高效能人事的七大习惯》《动机心理学》等经典书籍，从这些经典中了解他人的故事，进而重新认识自己。

个人对阅读的爱好，参与共读学习营，以及在公司经营管理中，使我充分意识到理解他人，表达自己的重要性。当下，无论是个人还是组织，都朝着品牌化方向发展，对于个人来说，如何管理好个人品牌呢？我的人生下半场将会以什么品牌来打造呢？

管理大师彼得·德鲁克提出“每个人都是自己的CEO”。特别是知识工作者需要像CEO一样管理自己的职业生涯和日常工作。这意味着每个人都应该对自己的优势、弱点、学习方式、工作方式有深刻认识，并据此规划自己的职业发展道路。另外，它还强调了自我管理的重要性，个人应该主动掌握自己的职业发展方向，而不仅仅依赖于公司的培养和晋升机制。在当今快速变化的工作环境中，公司往往不再为员工的职业生涯负责，而是更多地依赖于员工自身的适应能力和自我驱动能力。

在职业发展中，每个人需要具有主动性和自我管理能力，要求我们像经营一家公司一样经营自己的职业生涯，实现思想和行动的统一，最终实现人生的价值。可以说，现在的我在思想和行动方面，已经成为自己的CEO。

V 姐

突破困境，成为可持续发展的独立女性

V姐

曾经中年焦虑的二宝妈妈

民企财务总监

“可持续发展的自己”理念倡导者

一个带不好孩子的财务总监不是一个好妻子。

如果要在上面再加几个字，可以把“孩子”前面加上“两个”。

作为典型的上有老下有小的中年妇女，母亲、女儿、妻子、职场女性、自己，这5种身份我都想做好，可事实上老天会给你出很多难题。

01. 行动起来，改变自己

老大小升初不顺利，老二身高处于同年龄段下限，父母年纪大了在老家我不能回去照顾，跟老公由于生活琐事有越来越多的意见分歧，工作多年的公司被收购，换了盛气凌人的领导，免疫力下降突然得了白癜风……

这就是两年前的我面临的困境，那时每天都处在焦虑、烦躁和自我怀疑之中，感觉自己没有一件事情做得对，没有一个身份做得好。我经常半夜醒来睡不着，一直想着前一天还有什么事情没做好，第二天还有什么要做，翻来覆去，又头疼欲裂地继续上班，工作效率不高，导致我又自责，然后又睡不好，如此周而复始，心力交瘁，白头发噌噌地长出来，头上出现了斑秃，那时，我对孩子发脾气，跟老公吵架，数次产生放弃工作、回家躺平的想法。

我的生活就是一个恶性循环，看不到好转的希望。我在这种情况下甚至都没有时间和精力去想我该怎么办，就这么凑合着过日子。

直到那天，我突发肾结石，由于误诊耽搁了几天，疼得快要死掉，最后紧急做了手术。那次手术是全麻，术后我被推回病房，麻药劲儿还没过，天旋地转，我不能动弹，躺在病床上，眼泪止不住地流下来，有一种濒临崩溃的感觉，我觉得我没有能量了，也不知道还能不能产生新的能量，我该怎么办？

出院时老公来接我，给了我一个小塑料袋，里面是一块碎掉的石头。他说："你啊，先好好注意身体吧！先在家休息半个月，放下工作，恢复一下。你要倒下了，公司可以再招人，但是我和孩子们，还有你爸妈都需要你啊，你是不可替代的！"

这番话触动了我，我看着那块碎掉的石头，下定决心，一定要改变！

我意识到我当时的状态是非常差的，是一个只会把自己消磨殆尽的状态，不是一个可持续发展的状态，不要说做好5种身份，连一种身份都做不好。

现在不都在说要可持续发展吗？对于个人来说也一样，我要把自己打造成可持续发展的资源。

于是，在家休息的半个月，我开始琢磨、研究，并逐步行动起来。

02. 自我拯救，迈入正向循环

首先，我把自己现阶段的几种身份进行排序：

1.由于身体出了很多问题，自己是第一位的，所以之后的大部分事情要以自己为主，不然其他身份都做不好。

2.母亲和妻子的身份排并列第二，我一直很重视家庭，而维持好家庭关系、让孩子成才（至少让孩子以后不用啃老）也能让我有更多时间和更多心情去做好其他身份。

3.职场女性这个身份排第三，我仔细想了想，我需要工作，工作能实现我的一些个人价值（赚钱）和社会价值（为社会、为公司做贡献），目前还不能真的放弃工作回家躺平。

4.最后是女儿的身份，倒不是说我的原生家庭不重要，而是当时管控的情况下，确实没办法经常照顾，只能暂时往后排序，等情况好转，可以接父母过来住一段时间或者一起出去旅游。

有了明确的排序之后，下一步就是打分了。满分10分，我给自己这几种身份的打分都不高，特别是“自己”这个身份，我只打了5分（不及格）。

然后就是制订行动计划了。怎么提高分数？我查阅了不少书籍，看了很多小红书、公众号，根据自己的情况，给自己制订计划，分了以下几个阶段来走。

第一个阶段是提高体能。我要开始运动，但我其实挺懒的，不去健身房，甚至也懒得下楼跑步。这个短时间改不了，但是在家难道运动不了吗？我看了很多视频，结合自己的情况，制订了能坚持的一套瑜伽+有氧的运动计划：早晨15分钟，晚上20分钟，要是一天真的很忙，那么分成3次，每次10分钟也可以。我还琢磨出来不少利用碎片时间的办法，非常适合多个身份、日常忙碌的妈妈们来使用。另外是调节饮食，多喝水、多吃蔬菜和糙米饭，少油盐，让维生素、微量元素多起来，同时还能减脂。通过运动+调节饮食，我在一年内减了18斤，恢复到了管控前的体重，而且肌肉量和身体年龄比之前还好。

第二个阶段是调整情绪，这个时候我要跳出自己这个层面，站到更高的层面来看“我”，重新分析一下自己在情绪方面处于什么状态，在什么情况下会着急、会生气、会难过、会焦虑、会害怕、会担心，这些不良情绪占用了我每天多少时间。

不算不知道，一算吓一跳，一个典型的忙碌的工作日，从工作到家庭到管孩子，我的不良情绪能占60%—70%。

我分析了自己产生不良情绪的原因，根据我看过的资料以及请教情绪管理达人，我给自己的不良情绪开了几个“药方”，这使得我的精神状态提高了很多，不紧绷了，而且还产生了“副作用”，就是我也能从更高的层面看身边的人，特别是工作上接触的人，比如一些总有负面情绪的人，或者各种挑刺的人，我能更加心平气和地对待，也不会将他们对我的情绪影响带回家。

通过提高体能，改善情绪，我的能量多了，能快速充电了，我没那么焦虑了，工作效率提高了，我的睡眠也逐步改善了。还有个好消息是，上个月我的免疫力检测已经接近正常水平了。

03. 取得成就，努力带来了红利

我现在可以给“自己”这个身份打8分了！

随着“自己”这个身份的调整和改变，其他几个身份的分数也提上来了。去年跟老公谈心，把我对家庭现在和未来的想法跟他心平气和地聊了聊，明确了我们俩的目标和分工，不再为一些琐事扯皮、耗费精力了，我们还在海边买了一套养老房，现在让老人经常去住，以后我们也可以去住。

我也重新审视了跟两个孩子的关系，我应该先尊重他们的个性，认可他们的学习能力，也要看到每个孩子的闪光点，而不是预设“你不如哥哥”“你就学不好这个”，公允地跟他们沟通；每天也增加了和孩子的讨论时间，畅谈社会热点话题，发表各自的意见；每周还设定了家庭游戏夜，我和老公放下其他事情，陪孩子们打牌、看电影、看综艺节目，共享家庭欢乐时光。

和老公、孩子的关系更紧密了，而且工作上不顺心的情况也少了，我还被朋友推荐到了更好的公司做财务总监。在这家公司我总管财务，兼管人事行政，自己建立了很棒的团队。而且由于长久以来的口碑和这两年状态的转变，我在业余时间还可做一些咨询项目。去年下半年有一家挺大的财经培训机构还聘请我做了兼职讲师，每月直播两次，个人价值也得到了拓展。

疫情结束后，我带着父母到海边旅游、去游乐园、看各种演出，一家老小其乐融融，真切地感受到大家庭的温暖。

这都是我敢于迈出改变这一步，勇于付诸行动带来的“红利”。

接下来是第三个阶段，是个人价值方面的可持续发展。我是做财务的，虽然大家总说会计越老越吃香，但是我总相信自己有更多的可能性，不想做一辈子财务，所以我为了退休以后能做别的，现在就要开始计划自己个人价值的“可持续发展”。

比如学习新的技能。去年我考了演出经纪人资格证书、精力管理教练证书，今年我正在学习ESG方面的知识。我发现ESG的理念也适用于个人，这也跟我“可持续发展”的理念很契合。

我今年还尝试给一些平台投稿短篇小说，最近又接触了AI写作、AI音乐，圆了我的写作梦。也许过两年你们还能看到我写的小说或者歌曲呢！

这些都让我的生活充满了新的活力和机遇！

两年的时间，让我改变了许多，我不再是那个愁眉苦脸、焦虑失眠的中年二宝妈妈，而是元气满满、积极向上的“我自己”。

我相信自己是可持续发展的，我的每种身份都能尽力做到最好。

感谢当时下定决心开始行动的那个自己，相信行动红利会源源不断地到来。

如果你也对“做可持续发展的自己”感兴趣，可以来链接我哦！

»»» Y 姐

意外获得人生成长，成为价值投资的实践者

Y姐

前四大国际会计师事务所高级顾问

知名外企高级财务管理

价值投资忠实信徒

始终探索的职场二宝妈

作为一枚资深财经人，多年职场经历高低起伏，让我在解决工作和家庭的平衡中，意外获得了人生成长，重要的是，我结合自己的优势和兴趣，找到了自己真正想做的事，成为一名价值投资的实践者。

01. 立业——出道即巅峰

我是一个普通人，幸运的是，在读书还没有那么卷的时代，由于早慧且专心读书，在学业上一直高歌猛进，高考顺利考进重点大学的王牌专业，学习当时在国内比较领先的国际会计及公司财务管理理念，专业课全部从北美引进原版教材，这在当时是很稀缺的资源。

所学专业踏准了经济发展的脚步，我早早锁定了工作——国际四大（当时是五大）会计师事务所的其中一所。当时四大会计师事务进入中国市场不久，作为行业翘楚，每年只在最好的大学招人。同事都是同届毕业的小伙伴或者前几届的学长、学姐，大家都很好学，和海绵吸水一样拼命学习和工作，还会互相切磋解决难题的技巧。大家把所有解决问题的思路、逻辑和过程都记在当年的文档里，留给以后的同事。同届的小伙伴里有谁看到了前辈让人拍案叫绝的思路和方法，也会给周围小伙伴观摩传阅。这种互相学习勇攀高峰的氛围让我感觉找到了人生价值，这比在大学里更带劲。

不过忙起来是真的非常忙，尤其是每年11月到第二年4月底，工作多到做不过来，大家都只能压缩吃饭和睡觉的时间用来加班，基本没有时间去娱乐和消费。有的时候临时接到出差任务，没时间回家准备行李，只要随身有身份证和银行卡，带张机票，带好在公司提取的客户资料就出发。当年电脑办公都还没普及，文件都是做在纸上的。每次出差自己的行李不能带太多，多了拿不了，最要紧的是带好和看好客户资料，装在黑色的密码箱里，满满一箱纸，有时候是两箱。我对生活的精简是从那时候开始锻炼出来的。有时候深夜一个人出差回来，左手一个自己的行李箱，右手一个客户的资料箱，背上还背个包，吭哧吭哧地爬楼梯回家。所以行内有句名言，干这行是青春饭，加速折旧，干几年相当于别人干十几二十年。

这样的生活虽然辛苦，但是积累确实是非常快的。我看到各行各业的业务场景，看到数字背后的商业故事，也锻炼了对数字和年报撰写的缜密思维，所以辛苦但快乐着。我很投入，和我合作的师兄师姐也很喜欢我，第二年业绩考评得到了最高等级的打分。第三年是让我压力倍增的一年。事务所里做项目用人也是看过去业绩的。基于第二年的良好表现，第三年刚开始就有一个

IPO（首次公开发行）的负责人来找我，说有个新的IPO项目，负责的师姐还在另一个项目里暂时分不出身，让我先带队去客户那里开展初期工作。我虽然也看了两年“猪”跑，但委实没有吃过猪肉。刚晋升就要带十几个人去做IPO，心里不免打鼓。而且用现在的性格分析，我是超级“I”人，跟陌生人破冰需要很大的勇气。但是有时候形势会逼着你成长，特别是在这样的事务所里。领导安慰我，要什么资源你尽管说。好吧，请领导尽量派精兵强将给我，客户资料给我详尽的，我连夜回去好好研究。后面的一个月是我的又一次加速成长的经历。虽然只有二十五六岁，但是我不得不动用所有的脑细胞，做一个我能做到的最专业的业务顾问加领队。

到第四年我依然热爱这份工作，做了很多也学了很多。我参与了几个IPO项目，其中一个是从头到尾跟到IPO在香港联合证券交易所（联交所）成功上市，印象很深。在客户会议室里埋头干活，把成立到当时多年的账本、凭证、采购销售的出入库记录全部来回核对审阅的情景、与客户周末加班盘账的情景、在车间和仓库盘货的情景、在办公室里彻夜与香港的律师、券商连线，分工合作回答联交所聆讯的情景至今依然铭记在我脑海里。前期工作非常充分，所以虽然日夜兼程，但越接近终点的时候我越兴奋，回答聆讯的当晚我大脑高速运转，回复了好几页A4纸的问题，联交所对此十分满意，聆讯一次性通过。

在这个项目以后，我再也没有这样兴奋过了。重复过去让我倦怠，加上眼看奔三，家人催促考虑人生大事，我萌生了离开的念头。

02. 事业和家庭能两全，把握好取舍和度

离开事务所以后，我开始有了个人时间。我思想比较传统，我觉得人生只有工作不够圆满，所以在找到各方面都比较合适的人以后就成家了。第二年有了孩子，于是我来到了大家都会面临的选择关口——事业还是家庭？

有了孩子以后经过各种磨合，我确定自己不适合成天围着孩子转。邀请家中长辈来帮忙以后，我找了一份充满挑战的新工作，压力很大经常加班但很有成就感。看着公司在几年时间里迅速且健康地成长，我很高兴，这里面有我贡献的一小份力量。然而随着工作范围越来越大，我开始与商务和销售领域的人有了日常交集，接触的人越来越多、越来越复杂，内耗也慢慢地开始大起来。以往工作半径里接触的人和事都是专业领域的，我只要把专业上的事做好，后面都是水到渠成。而现在，我开始接触各个层级各式各样的人，特别是遇到很多在业务领域摸爬滚打很多年的资深销售，他们深谙人性，在交锋几次后就能摸透我，而我却未必看得透他们。我的工作要求我从控制未来可能出现的风险角度来协调业务走向，确保公司健康成长，而销售看的是当前的业

绩，是否基业长青与他们关系不大。那时的我接受不了价值观不一样的人，特别是那些坚持己见变着花样来突破规则底线的人，有时为了一件事意见不一，我与他们争得面红耳赤，甚至轮番唇枪舌剑，一天下来筋疲力尽。

在各种斗智斗勇中，我开始思考，继续发展，少不了与人性的斗争，要每天在各种场域中权衡利弊，做到既合规合法，还要促进公司业务最大程度发展，这种游刃有余除了智商、专业知识，还需要高超的情商，而这一块，当时的我不到火候。

我开始反思，怎样的人生才是我最适合的呢？人生意义究竟是什么呢？我又该让孩子受到什么样的熏陶呢？

03. 人生转折——十年磨一剑

超级“I”人在这样的纠结中迎来了人生的转折。此前的人生，我所得到的几乎都是鲜花掌声。机缘巧合，二宝来了，而此时大宝要上小学了。家有学生娃的宝爸宝妈会有体会，这是另一种超人锻炼机制。为了适应这种机制，加上照顾二宝的规模效应，我决定多放一些精力在家中，在工作上为了减少工作尽量不加班，我半推半就地转走了大部分工作，当然也相应减少了很多权力，我从核心团队中被转移了出来。求仁得仁，这我都理解，然而，另一种精彩开始了。

以前看过别人说的一句话：当你坐在高处，低头看到的都是笑脸；当你坐在低处，抬头看到的都是屁股。从前的困难最多是工作上的分歧，那些分歧经过各种方案和探讨也能达成一致或妥协。而现在，世态炎凉真实地展现在我面前。从前的笑脸，在我工作变动以后有大约60%变成了陌路，有大约30%变成了冷眼，只有大约10%依然是笑脸。这10%中一大半是因为依然有工作沟通，还有一小半是真的朋友。这几位真朋友，不论我身处何处，逆境还是顺境，高位还是低位，都会鼓励我、支持我，有求必应，真诚相待。人生能得到几个真朋友不容易，我感谢这一段经历，让我更深刻地理解了人性，也看清了人情。

真正磨炼我的，是那些冷眼。有一些人，不知出于何种心理，遇到机会就上来踩一脚，同时不忘一下显示自己的优越感。虽然我有心理准备，但没想到有些人做得如此嚣张。刚开始我很震惊，因为我无论做人还是做事，都问心无愧并没有得罪过谁，但很快我就释然了。这样的人哪里都有，我不会用别人的错误来惩罚自己。最重要的是，我的专业能力依然在，就像剑在鞘里，只是想不想亮出来罢了。在这个过程中，我渐渐地发现自己进入了另一重境界，不管别人怎么对我，我都可以做到不以物喜不以己悲。对于人性的理解和对于自己情绪的把控都进入了一个新的阶段。当周围人都为某个人的某件事兴奋、激动或者悲伤、愤怒的时候，我能自觉保持一种冷静和沉着，不受周围人情绪的影响，甚至泰山崩于前而面不改色。

此时，我不断探索，人生价值究竟是什么，我喜欢什么，擅长什么。我学习了很多课程，有心理学、社会学、经济学等，也看了很多书。对于各种享受，我发现自己没有那么喜欢了，虽然也带孩子们长见识看世界，但我自己并不热衷。我分析自己的性格、经验、优势、兴趣，逐渐清晰了未来想做的事。凭借二十几年积累起来的直接、间接经验和平和的心态，我对怎样做生意有了深一层的理解与爱好，也逐渐成为价值投资的忠实信徒。前半生我活在大家的期待里，活成了大家想要的样子，后半生我会按自己的想法过了。我不再参加不喜欢的聚会，不再迎合不想迎合的人，只做自己想做的事。

在磨砺的这几年中，我从不参与公司里的各种纷争，只是专注手中的工作，而这块工作正好是我感兴趣的，即项目的投资预测、回报分析与业务支持。意料之外又情理之中的是，由于这两年的工作受到高层肯定，复起的通道已经安排。我想对所有像我这样的“I”人，特别是内向的女生们说一句话：不必去管别人怎样，周围怎样，只专注内心，打磨自己，提升格局，是你的终究是你的。先做好自己，再做好别的事情。要找到自己真正喜欢并擅长的领域，然后投入精力和资源去做。当你容光焕发、充满自信和活力的时候，如果你有孩子，你的孩子也会接收到正能量，好的榜样有好的影响。水到渠成，静待花开。

魏晓晨

坚韧成长，勇敢追寻，探索生活无限可能

魏晓晨

AI技术应用者

家庭教育倡导者

终身学习者

01. 勇敢的生活战士

2020年，疫情席卷全球，我的生活也因此发生了巨大变化。在怀孕期间被诊断出妊娠期糖尿病的消息对我来说无疑是一个晴天霹雳。面对这一突如其来的挑战，为了确保女儿的健康，我迅速调整了饮食结构，放弃了许多日常中习以为常的美食。尽管过程艰难，但我坚持了下来，整个孕期体重仅增加了9公斤，成功地将血糖控制在健康范围内。这段经历如同穿越沙漠，我凭借毅力与坚持，终于找到了那片绿洲。

然而，孕期的挑战并未就此结束。女儿出生后，产假期间的生活成为我人生中最大的考验之一。在头一个月的产褥期内，我得到了母亲的帮助，但在她离开后，照顾新生儿的重担落在了我和丈夫的肩上。与此同时，疫情导致丈夫生病，一度高烧不退，身体酸痛持续了一个半月。面对两项巨大的责任，我不得不在照顾他与照顾襁褓中的女儿之间不停地奔波，时常感到崩溃。初为人母的我毫无育儿经验，在女儿哇哇大哭的时候不知所措，甚至一度质疑自己的能力。

即使在最黑暗的时刻，我仍然没有放弃。我在网上寻找各种育儿知识，向朋友和家人请教，努力克服每一个新的挑战。在照顾女儿与丈夫的同时，我逐渐掌握了新的技巧，也更加了解自己的能力。虽然艰难，但这段经历让我拥有了坚韧和应对压力的能力，为我日后的生活奠定了重要基础。就像在风雨中航行的船只，我最终掌握了方向，驶向平静的港湾。

这段经历不仅让我对自己的能力有了新的认识，也让我更加珍惜每一个平凡而幸福的日子。每当回想起那些艰难的时刻，我都为自己感到骄傲，因为我知道，无论未来还有多少挑战，我都能勇敢面对，并能坚韧不拔地走下去。

02. 自我提升的倡导者

作为一位职业女性，回归职场后我立刻意识到工作节奏变化带来的挑战。为了适应新的环境，我利用产假期间的时间自学了Chat GPT，迅速掌握了这项新技术，并成功将其应用于工作中，提高了我的工作效率。通过学习，我了解到人工智能和新技术在现代职场中的重要性，这也激发了我进一步探索这些领域的兴趣。

在学习和应用ChatGPT的过程中，我从零开始注册账户，搞定国外手机号和电话号码，并从一开始就付费使用ChatGPT Plus。期间遇到了很多卡点，比如网络问题和如何编写提示词等，但通过搜索和自学，我逐一解决了这些问题。这段经历不仅提高了我的技术能力，也增强了我的问题解决能力和自信心。每一次突破都像是攀登一座新的山峰，让我在职场的道路上走得更稳、更远。

在工作中，我负责跨国订单管理，有时候会遇到一些棘手的问题。我们质量部的同事在做到货检验的时候，经常会发现光学物料的瑕疵，一些常见的问题他能够准确描述出来，但不常见的问题他的描述不准确也不专业。为了解决这个问题，我将有问题的物料照片发给ChatGPT，让它识别问题并精准地翻译成英文。这个方法效果很好，大大提高了我与供应商的沟通效率。通过这些实际的应用，我深刻体会到了新技术给工作提供的巨大便利。

2013年7月份，我加入了李笑来老师的“富足人生”家庭社群。最近，为了进一步突破自己的社交恐惧，我参加了运营组负责人文韬老师发起的视频号评A活动，需要连续30天每天录制和发布口播视频。对于从未录制过视频的我来说，最初在镜头前感到非常不知所措，并且对视频剪辑一窍不通，表达也显得不自然。尽管如此，我仍坚持日更。这次活动是对我社交与表达能力的一次重大突破，进一步增强了我的自信心和勇气。

在线下活动中，有一位“战友”的故事让我特别感动。他和爱人为了给孩子更好的生活，在孩子两岁时去外地打工，孩子留在老家由爷爷奶奶照顾。两年后的一天，他在和父亲视频聊天时，发现孩子居然在“指导”爷爷打麻将，他瞬间崩溃了。他和爱人放下对孩子的不舍外出打工，就是为了赚更多的钱给孩子更好的生活，孩子现在“不学无术”的样子违背了他们的初衷。他们决定回老家，开始重新陪伴和教育孩子。后来儿子上初中了，由于总是上网打游戏，学习成绩在年级垫底。期间，这位父亲突然患病，从130斤一下子瘦到110斤，在家的时候他只能天天躺在床上，但他没有消沉，而是在不停地读书，后来加入了“富足人生”社群，跟“战友们”各种学习。他明白问题出在自己身上，是自己之前的教育方式不对。通过社群文韬老师的帮助，他儿子自学编程，能解决很多实际问题，并且学习成绩也到了年级前十名。这个爸爸的起点并不高，但是他愿意为了孩子改变，并且一步一步地行动，这种精神非常让人佩服。

尽管自我提升的道路并不轻松，但每一项新的技能和突破都为我带来了全新的动力与启示。学习新技术的过程，就像是在拓展一个未知的地图，每一个新发现都让我的世界更宽广。

通过不断学习和应用新技术，我不仅在工作中变得更加高效，也在个人成长的道路上迈出了坚实的步伐。每一次与新技术的碰撞，都是一次自我超越的过程，让我在职业生涯中保持了持续的竞争力。

03. 家庭健康与和谐的守护者

我一直非常重视自己和家人的健康，经常在权威平台上购买相关课程，并将学到的内容分享给家人。我会根据课程内容整理家庭常用药，制作成方便家里老人看的形式，确保他们能够轻松理解和应用。在亲密关系方面，我和丈夫、父母的关系都非常融洽。我深知家庭和谐对个人发展的重要性，因此无论工作多忙，我都会尽量抽出时间陪伴家人，倾听他们的需求和心声。每当家庭成员遇到健康或生活上的问题时，我都会第一时间提供帮助和支持，确保他们能感受到温暖和关爱。

上周五，我参加了“富足人生”社群首次举办的线下活动，与“战友们”进行了面对面的交流。作为一个性格内向、不善表达的人，这次活动对我来说是一次极大的突破。以前，我从来不参加这种活动。这次决定参加，是为了更好地与“战友”们建立联系，分享经验，共同成长。虽然有些紧张，但我相信这将是一次难忘的经历，让我在社交和沟通方面取得新的进步。就像一颗种子在春天的土壤中萌芽，我期待着在这次活动中找到更多的成长契机。

家庭的和谐与健康不仅是我个人幸福的源泉，也是我不断努力奋斗的动力。在与家人的相处中，我学会了如何更好地平衡工作与生活，如何在忙碌的日子里抽出时间陪伴他们，分享生活中的点滴乐趣。

04. 积极的语言学习者

近年来，全球化的发展使掌握一门外语成为不可或缺的技能。作为一名母亲和职业女性，我深知每天的时间非常有限，但我仍决定加入笑来老师发起的1000小时自学英语计划，每天尽可能挤出时间用于学习。即便很难达到每天3小时的目标，但我相信“积少成多”的原则，即使是短暂的学习时间也有助于不断进步。

我选择了美剧和英文原版书作为主要的学习材料，不断扩展自己的词汇量和语法知识。同时，积极利用闲暇时间练习口语、听力和写作，不断提升自己对英语的理解和掌握。在这项计划中，我不仅学会了如何有效利用零碎的时间，还逐渐克服了对学习的焦虑和不安。这个过程也让我意识到，只要坚定不移地努力，就能不断突破自我，实现新的目标。每一天的学习，就像是为未来的成功打下坚实的基础。虽然现在的进步可能看起来微不足道，但正是这些日积月累的努力，才会在未来的某一天，突然爆发出巨大的能量，带来意想不到的成果。

每一次语言学习的突破，都像是为我的生活增添了一抹亮色。通过学习英语，我不仅拓宽了自己的知识面，也结识了许多志同道合的朋友，他们的故事和经验同样激励着我，让我在学习的道路上不断前行。

05. 从随遇而安到有目标奋斗

我和丈夫都是独生子女，在我们的女儿出生之前，我们对未来的生活没有什么具体的规划，生活态度比较随遇而安。然而，女儿的出生成为我人生的转折点。她给了我奋斗的动力，我希望能为她创造一个美好的家庭环境和良好的教育机会。从那一刻起，我开始规划未来的生活，设定明确的目标，并不断努力实现这些目标。对未来的期望就像一盏指路明灯，照亮了我前行的道路，让我在每一个努力的日子里都充满了动力和希望。

目标的设定不仅为我的生活带来了明确的方向，也让我在实现这些目标的过程中体验到了前所未有的充实感和成就感。每当看到女儿的笑脸，我都会更加坚定自己的信念——为她创造一个充满爱与希望的未来。

我的故事是一段从挑战中成长的旅程。通过坚持不懈的努力，我逐渐在生活和工作中取得了进步，战胜了自我怀疑，探索出了生活的无限可能。希望我的故事能够激励更多的读者，不断追寻自己的梦想，并从中找到属于自己的行动红利。正如那些看似平凡却充满力量的故事一样，我希望我的经历也能为他人带来启发和动力。

木雁

不惑之年资产清零，
人生重新启航

木雁

厦门大学会计系硕士

CPA（注册会计师）

坚持锻炼10年+

站在不惑之年的当口，老公投资失败，家庭房产被拍卖，资产清零，十几年的努力一朝灰飞烟灭，只剩一地鸡毛。生活像一张咧开的大嘴，无情地嘲笑着我。彷徨、迷茫，是一蹶不振，还是重新启航……

01. 拼搏努力，小镇姑娘上名校

我出生于湖北荆州的一个小镇。印象中，镇上只有一条主干道，热闹的地段前后大约2公里。镇上没有超过6层的建筑，也没有电梯。在镇上就读小学、初中时，我在班上的成绩没下过前三名，是老师眼中的好学生，父母眼中的乖女儿。不出意外，我考入了市里的重点高中。

上高中时，班里总共40多个学生，初中从来没有出过前三名的我，第一次月考成绩突然掉到30名开外，这种心理落差是巨大的。而且城里的孩子衣着光鲜，谈吐大方，举止得体。相比之下，我们这些乡下来的学生显得朴素许多，除了成绩，便没什么可取之处。成绩的一落千丈让我万分沮丧，但很快，我就收拾了心情。道理很浅显，池塘里的小鱼能称王称霸，可是进入一条大河，小鱼就成了小虾米。班里汇集了市里、县里、镇里的各路精英，自己凭什么还能独占鳌头呢？

于是，我开始埋头努力，上课紧跟老师的思路，下课自己琢磨错题，不懂就请教同学。经过3年的苦读，高考时我进了班里前十名，也上了一所211财经名校。这算是人生小登科，父母很开心，在家乡遍邀亲朋，举办升学宴。当时我也觉得人生坦途，由此展开。

进入大学以后，很多同学开始“放羊”，逃课、逛街、打游戏……我想上研究生，所以学习上一刻也不敢放松，每天过的基本是“教室/图书馆—宿舍—食堂”三点一线的生活。大学期间平均成绩85分以上，连续三年获得国家二等奖学金。大三时，学校出了保研的通告，对成绩和发表文章都有要求，而我发表文章没达到要求，保研失败。

保研失败让我心有不甘。恰巧当年暑假去了厦门，觉得这个城市美丽干净，而且当时厦门大学会计系排名第一。我心里憋着一口气，想要考一个最好的学校，让所有人都刮目相看。于是我埋头苦学了半年。那时大部分同学选择找工作，考研前夕，有不少人都拿到了offer，之后就在宿舍打牌、下跳棋，每天欢声笑语。而我只能在自习室和图书馆之间穿梭，孤独的滋味刻骨铭心。好在天道酬勤，最终我考上了厦大的研究生，还拿到了公费名额，这是人生中的高光时刻。

02. 中年危机，我的左冲右突

毕业以后，我先后进过A&H股上市公司、国企产业园区，也考过了CPA（注册会计师）。后来在江苏买房，安家落户。不甘平庸的我，跳槽到一家被世界500强外资公司（以下简称“J公司”）收购的机械制造工厂。在这家工厂做了3年财务，有幸被总部领导赏识，邀请我去北京发展。恰逢老公在一年前去了北京，所以我毫不犹豫地接过橄榄枝，举家来到北京。

到了北京，才发现总部与工厂的工作有很大不同，工厂是接触生产实际，做账催款；而总部主要是上传下达，做汇报。汇报要求熟练运用表格统计数据，做出高大上的PPT。彼时在工厂做惯的我，对Excel和PPT的使用很生疏。最初到总部，并不受领导待见，他觉得我PPT做得不出众，Excel用得也一般，有一次还当面嘲讽我一个厦大的研究生连软件都用不好。我气得眼泪在眼眶里打转，那股不服输的劲又被激起来，我不能容忍别人在专业能力上质疑我。于是自己买了课程，钻研Excel和PPT。约莫有半年的时间，偌大的一层办公室都是我最后一个关灯。再到后来，我的实力被领导认可，我被同事戏称“大表姐”，成为领导的御用PPT助理。

2016年，我34岁，中年危机感突如其来。J公司工作稳定，但升迁很慢。放眼望去，总监位置上的人基本都是40+，仍然年富力强，而且J公司高度赞赏员工的忠诚度。我问自己，如果在这家公司干一辈子，会甘心吗？答案是不甘心。趁着35岁之前，一定要跳出这个舒适圈，否则年纪越大越没有跳槽的勇气。所以我当时做了一个决定——从大公司跳到小公司，自己要做到部门总监的位置。

然而，接下来的两次跳槽并不顺利，一家公司业务没有开展起来，一年多就关停了。另一家公司资金流断裂，拖欠了近5个月的工资。

彼时我的钱主要用于家庭开支，老公的钱用于投资。当时他投资本金不够，跟我商量抵押了家庭房产。连续几个月发不出工资，老板一次又一次地画饼，我都沦落到靠刷信用卡吃饭了。不得已，只能再次找工作。

这次重新就业花了近半年时间。2020年疫情开始，公司也遇到了挑战，有些项目亏损关闭，公司的项目从12个缩减到8个。2023年疫情平稳，原以为经济会好转，没想到却更差。最直接的感受就是，客户少了，客户更加挑剔了。之前毛坯房就能租出去，现在要按客户要求进行定制装修。客户租赁单价下降，而跟上游续租成本却在上升。即使维持了更高的出租率，整体收入和毛利还是下降的。

这让我再次产生了危机感：如果行业和公司发展不是向上的趋势，个人又如何保证职业发展的顺利呢？

此时发生了一件更糟糕的事，因为老公投资失败，我们的房产被银行拍卖，还有债主上门催债。在人生不惑之年的当口，我突然变得一无所有。叠加公司走下坡路的趋势，我产生了强烈的不安。不惑之年重新就业，中高层管理岗稀缺，职业生涯和收入很可能面临断崖式下跌。这让我非常焦虑。

03. 使命召唤，人生出现新的曙光

近两年AI技术突飞猛进，ChatGPT横空出世，以前看似光鲜的白领工作突然有了巨大的可替代性，财务工作也不例外。

随着医疗生物科技的发展，未来百岁人生不是梦想。但现实若是人还在，钱没了，就很悲哀。我想找到人生发展的第二曲线，找到一份将来很难被AI替代的终身职业，像查理·芒格一样，活到老，学到老，工作到老，精神和物质层面都很丰盛。

今年4月，接触了“一行”的教练，在7天营里体验过一次自由书写。当时自己还在下班回家的路上，周围车水马龙，但暴暴的语音却让我抽离出当下，像第三者一样看着自己，仿佛时间按下了暂停键，画面被定格，感觉非常神奇。那一刻我知道，我一定要加入教练营。

结果一入营学习，自己就停不下来。平时闹钟是早上6点半，五一期间原计划八九点起床，好好休息一下。但在约过几次对话

后，自己来了兴趣。假期没定闹钟，却每天5点多就醒了。群里有位小伙伴叫楠姐，她习惯早起，又怕约太早让小伙伴们压力大，于是开了早上5点半的会议室，做“姜太公钓鱼”。我一醒就蹲在楠姐的会议室，跟她聊天对话。五一期间每天至少两场对话，有时候是三场，外加做观察员，有6个多小时沉浸在教练对话里，无法自拔。

教练对话打开了我的另一面。以前我比较内向，喜欢独处看书，不喜欢热闹，跟陌生人在一起很慢热，也放不开。但教练对话却让我愿意敞开自己，勇敢地跟陌生人接触。通过对话，我收到了很多小伙伴的正反馈，他们说我的声音温柔而坚定，能给到他们安全、温暖的感觉。我跟随客户，和他们同在，我甚至体会到了心流的感觉，收获了满满的能量。

有一次，一位小伙伴体会到她的领悟时刻，在网络的另一端无声地哭了。那一刻，我也突然泪流满面，就像收到了她的心灵感应，我知道她在哭。过了好一会儿，她才用哽咽的声音继续对话。通过对话，我看到了一个身心疲惫的妈妈，努力想要提升自己，改善自己的状态，但她真的很累。我对她说：“你是一个很棒的妈妈，我想抱抱你。”说完这句话，她泣不成声，她说她真的感受到“被看见”，感觉很温暖，很有力量。那场对话结束后，我的心情久久不能平静。我意识到，原来帮助别人是一件非常幸福的事情。

教练对话是一场心灵的连接和共振。它让我相信，每个人心里都有一个小宇宙，那里住着一个高能的自己。教练要做的，就是引导客户去连接高能的自己，从而激发潜能，很神奇。

我曾经提出一个问题作为对话的议题——教练是否可以成为我的终身职业，这是不是我的人生使命？

在对话过程中，我意识到，人生使命感觉太沉重了，就像是什么都没做，先把一个很重的包袱扛在身上。对话结束后，我清晰多了：想那么多干吗？先做起来再说，你现在才哪儿到哪儿？趁着现在这种打鸡血的状态，多去约对话，多去体验。人生的路不是规划出来的，而是一步步走出来的。只有努力去做，边做边调整，才知道这条路是否能走下去。

因为教练对话的对象是人，不容易被AI取代，而且上班不受地理位置限制，越老越吃香，有复利效应，它完美符合了我心中终身职业的要求。虽然现在我还在教练营上课，但我非常笃定，教练可以从副业做起。也许它现在还不能养活我和家庭，但我可以用5—10年的时间去打磨，去成长。

人生中的坎坷是我们向上攀登的磨刀石，就像唐僧西天取经，必须经历九九八十一难。取到真经是结果，经历磨难是过程。这些过程既痛苦，又幸福。没有磨难的过程，即使拿到真经也是假的，因为人没有成长。人没有成长，真经就是无字天书，无法领悟。

人生是一场修行，就像西西弗斯推着石头上山，石头滚落下来，再推着石头上山。人永远在路上。遇见问题，解决问题，用实际行动说话，如此循环往复，就是成长。

镜心

重生之路，一个 70 后小阿姨的心灵之旅

镜心

2012年患乳癌，抗癌12年至今

久耕教培行业20载，深悟“育人先育心”

现专注于研修青少年心灵教育成长与传播

我出生于北方四面环山的小山城，是一位70后普通素人小阿姨。也许你会奇怪，一个普通的人会有怎样的独特经历呢？

其实酒香也怕巷子深，只因未寻巷深处。

01. 别让梦想只是梦里想

或许成功会缺席，但一定不要让梦想迟来你的人生。这是历经半生，人到中年的我最初的心灵之约。

我的童年痛苦多过快乐。爸爸脾气暴躁且性格多疑，年轻时酗酒，常邀亲戚朋友来家中吃饭，酒过三巡，爸爸就会找碴和妈妈吵架，平时不喝酒时也常常会因钱的事情争吵，甚至动手打人，无奈的妈妈不得已领着年幼的我和弟弟，在寒冷的冬夜，穿着单薄的衣服逃往亲戚家中躲避。我经常因为没带书包上学而被老师呵斥或罚站，在爸爸的暴力行为下，我每天胆战心惊，一句顶嘴的话都不敢说，妈妈也是身上常有淤青。在这样的家庭氛围中，我变得异常自卑、谨小慎微、沉默少言，讨好型人格让我更加痛苦，年纪尚小就有轻生的念头，心里盼望着快快长大，远离这承载痛苦记忆的小城。

人有多渴望就会有多失望。我渴望着被关爱、被关注、被认可，不停地努力做着改变。小学跳级提前一年完成学业，从小学到初中一直是校体育队的中坚力量，从中长跑到长跑再到参加环城赛，还荣获过全区500米短道速滑第一名并且打破当时的速滑记录，获得区体校的选拔。另外在校文艺队领舞，获得了区优秀小演员奖。当年的小伙伴现如今有的进入歌舞团，有的踏入演艺圈参演了很多影视作品。而爸爸不希望这些课外的事情影响到我的学习，为防备我参加节目排练于是将我反锁于家中，这些爱好大多终是舍弃掉了。

中考前夕，有些爱美之心的我将刘海卷出好看的弧度，这触怒了爸爸，全然不顾舅舅的劝说用推子将我的长发剃成了寸头，一缕缕长发掉落地上，我的心也被撕成碎片落了一地。烈日炎炎的七月，我戴着冬日里的白色针织帽上学，在同学们疑惑的注视下，故作无所谓的我，每到深夜就会蒙住被子放声大哭。我更加沉默了，内心却更加笃定，我要自由，我要活出属于自己的人生。

有压迫的地方就会有反抗，爸爸无底线的管制加速了我离开小城的决心，让我越发叛逆起来。

02. 不因厄运而一蹶不振

易卜生说："不因幸运而故步自封，不因厄运而一蹶不振。"

1994年高考制度改革，不再统一分配工作，学费自理。我高考成绩不怎么理想，但没选择复读，而是考入成人高校医学院的临床医学专业就读，只为尽快离开小城 。

医学院这两年的大学生活，打开了走出小城的我对外面新世界的认知，开眼界见众生。我在临床实习的一年中积极努力，踏实肯干，几乎跟遍了所有科室医生学习诊疗，积累了丰富的临床经验，参与很多重要的临床救治，渐渐地获得了很多老师的认可和称赞。在省医院进修期间如愿地取得做导师助手同台手术的机会，被患者和家属信任。那是人生第一次真正体会到治病救人，拯救生命那种心灵震撼和满足感。我爱上了医生这个高尚的职业，爱上了被尊重的幸福感，渴望沿着这条医学之路踏实地走下去。

世界因我们的心情而改变，抛弃已经发生的令人痛苦的不公平或经历，才会迎来新心情下的新际遇。

03. 成为改革春天的幸运儿

20世纪90年代末，经济改革的春风吹遍祖国各地，国家放宽市场限制，很多人下海经商。此时一份高收入工作机会改变了我平静如水的生活，我的人生出现了第一次转折。

没有深厚人脉资源和殷实的经济条件，在北方的小县城里想求得正规医院的工作是很不容易的。爸爸是万事不求人的性格和态度，又恰逢公房私有化改革，需补缴一大笔钱来取得房屋所有权。而弟弟即将大学毕业面临择业，一切都需要钱来解决，尽管父母是双职工家庭，在当时看来也是不错的，却依然攒不下钱，甚至还欠着外债。钱不是万能的，但没钱是万万不能，我不得已放弃了托人找工作的想法。

亲戚二姑在国营药店工作，国营柜台部分转租给私企，引入远红外线系列高科技产品，虽然这种保健用品在日本已是有近20年的历史，但在当时对国内百姓来说是新奇而又陌生的。这是日本廉价进口中国的陶土做成的，具有发射远红外线功能，能引起生物共振，并且可以有效缓解身体亚健康状态的产品，常以家居、服装、医疗器械形式出现。但人们无法相信这看不见摸不着的红外线到底有多大作用，学医的我也将信将疑。

人们常说眼见为实，但这眼不见的很可能就是最真实的存在。我在柜台做销售的一年间见证了很多人健康状况得到改善。1999年夏天销售的淡季，公司短暂性裁员，我因为内心有了更远的目标，主动请辞，留下了于我有恩情的彭姨。经过仔细的筹备和精心的预算，我一咬牙买了菲利普翻盖手机，在当时有BB机都已是不易的年代，手机算是奢侈品了。有了想法说干就干，我带上借来的2万元，与天津公司总部取得联系，决定南下。妈妈不放心我一个女孩子单独出远门，托二舅陪我一起同行。二舅顶着和爸爸闹掰的压力，一路坐着绿皮火车的硬座，承受了两天一夜的折腾。现在许多年过去了，二舅已经不在了，但是他对于我的恩情，我一生感激不尽。

犹记临行前，爸爸在家里不停地骂我异想天开，招摇撞骗。看着我决然要走，撂下一句狠话："如果你离开这个家门就别再回来！"之后再也没看我一眼。坐上火车的那一刻，倔强的眼泪还是不听话地流了下来。现在想来也不会那么责怪爸爸了，我欠下2万的外债去拼一个不确定的未来，按照现在央行数据统计已相当于如今30万元人民币了。尽管钱是自己借的，但对于当时父母来说是不可承受之重。

与公司总经理徐总和销售部刘总经理的沟通是顺利的，我签下了伊春市区总代理，并且在代理费上做了最大程度的让步，他们的信任让我信心倍增。签下首批订货合同后，紧接着辗转于跨省广告业务的手续审批、选址、签订广播电视广告合同等事宜，不到半个月的时间里快速进入营业阶段。一切如预期所想，我的生意火了。

每天同电台主持人的现场直播讲座，让我收获了当地一众中老年的粉丝。他们纷纷写感谢信到电台，有的会专程到专卖店来看我，令他们意外的是我竟如此年轻。是啊，那年我刚满25周岁。由于经营顺利迅速拓展了周边加盟店，生意步入了正轨。

2000年的春节，我和爸爸、妈妈、弟弟一家人在伊春度过了第一个异乡的新年。在公园里挂满雾凇的大树旁照了一张全家福。爸爸不再骂我是骗子，因为他的肩周炎和一直困扰他的荨麻疹被产品调理得没再犯过病。望着照片中消瘦，如同纸片人的自己，想到一天的收入已是父母全年工资的总和，看着日益增多的银行存款，觉得一切辛苦都值得了。在改革的浪潮中我成功收获了人生第一桶金。梦想的种子已然在心底萌发，只需静待花开。

04. 妈妈的爱，让我熬过人生至暗时刻

市场竞争永远是商业竞争的主题，若想增加胜算，团队的力量才是成功的良药。团队的力量胜过个人的力量，协作是成功的基石。

我不可避免地遇到了同类产品进驻市场，遍地开花的景象。其他商家各种变相压价、促销以及仿品的出现，让我应接不暇。一直陪伴我的妈妈由于弟弟和爸爸之间的矛盾而回到家乡。缺乏监管，货款丢失，服务员不辞而别，没有人员及时补位等大量问

题出现。尽管最终站稳了脚跟，但我的身体健康状况出现了严重内耗。一天夜里，突然而至的“沙尘暴”使我紧绷的神经再也撑不下去了，常在噩梦中惊醒，脱发、焦虑、失眠，身体严重透支。无奈的我只好放弃了市场，回归老家调理身体。在老家买了房子，一年后转型做教育培训行业，我慢慢地爱上了这份单纯而有意义的工作。

2012年3月的天空充满了灰色，它让我的人生第二次出现重大改变，我与乳腺癌的抗争正式开始。

在这场战争的前半年，我承受了巨大的身体痛苦。虚弱的身体，敏感的神经让我一度想到死亡。但有幸上天让我拥有一个坚强乐观，无论多艰难都总是带着笑容的妈妈，用她满满的正能量赋予我力量。是妈妈用爱让我熬过至暗时刻，用爱支撑我欲弯下的脊梁。而生命中最大的贵人尹主任，用温和的话语，仁爱的心，精湛的医术，让我绝望的心渐渐平静下来。她精心地为我设计了手术切口和术式，每次体检时竟无人能看出那道曾载满伤痛的伤口，它愈合得天衣无缝。

一晃12年过去了，我度过了3年复发期，5年存活期，进入临床治愈期，迎来10年康复期。身体指标正常了，体重也从130斤恢复至95斤。坐在阳台上的我，望着一群蹦蹦跳跳，牵着各自妈妈的小可爱，午后的暖阳洒了一地，洒满全身，洒满整个心房。感恩世界上所有的伟大的妈妈，感恩你们用爱治愈着这个世界。

05. 怀揣梦想，向上生长

经历了创业，经历了生死，经历了病后的人情冷暖，转眼人生的下半场悄然而至，这场病花光了我所有积蓄。新冠疫情之后，父母身体大不如从前。尽管这些年我的收入在小城里还算不错，但我深知如今牢固的经济后盾对于渐渐衰老的父母极其重要。教培行业也出现了较大变革，感慨日新月异变化的同时，心底那颗原已发芽的梦想的种子，历经了休眠期后再次蠢蠢欲动。

感谢互联网，上天再次眷顾于我，感恩遇到优秀的花慕，神奇的灵希之后，再遇牛人K叔。是你们让我看到未来种子花开的时节，我要将这颗赋予了新生命、新使命的种子，以爱的名义撒向人间。育人先育心，让孩子们挥动着爱心的翅膀，释放着充满正能量的力量，带着不负华夏的使命去拥抱伟大中国的复兴梦。

人生的舞台有两个剧场，若不能在上半场圆梦，就在下半场盛大演出。

2024年，梦想再次起航，无惧他人笑我痴狂，但求顽强生长！

英语卡文老师

脚踏实地，仰望星空，
13 年行动追寻教育梦

英语卡文老师

前上市教育机构英语产品负责人，通过TKT剑桥教学认证

13年教学经验，10年教研师训经历

擅长精准提分，助力2000多名学生英语提分

美国ABNLP执行师，心理学爱好者

在这个女性力量崛起的时代，你会发现身边越来越多的女性正在不断提升自我，追寻更独立且自由的活法。我也不例外，虽这一路磕磕碰碰，可信念一直在我心中不曾改变：在这珍贵的生命时光里，我坚信命运掌握在自己手中，一步一步地去实现自我价值，找到自洽且富有生命力的生活方式。而在自我生命探索中，我发现教育始终是我最喜欢的行业，而我也确信我所期待的生活方式离不开教学。

01. 家庭的启示，种下“教学”的梦想

回想童年，“教师”的种子似乎在不经意中，悄悄地种在我的心中。

我的爷爷是一名小学语文老师。在我上幼儿园的时候，他常常会带我去找他任教学校的学生们玩。每当爷爷要上课的时候，我就在教室边上看着爷爷上课。记得有一次，看到爷爷激情澎湃地讲解课文，学生们也津津有味地听着课。这时的我，竟不自觉地模仿起爷爷夸张的肢体动作，把班上的学生们都逗笑了。那时候的我，觉得做老师真有趣呀。

到了小学我拥有了更大的“舞台”。感谢当年班主任的信任，委任我身兼英语课代表和班长的“要职”，让我终于有更多机会上讲台去分享，心中暗喜。记得那时我会利用课间或自习课，自发地“研究”出各种各样的“刁钻”难题，洋洋洒洒地写在黑板上让同学们一一回答，谁答对还会奖励谁一颗星，哈哈。现在看来，真感谢当时陪我一起疯的同学们，让我可以过一把“教师瘾”。

02. “种子”生根发芽，茁壮成长

那时对英语的兴趣源于妈妈给我买的英语学习DVD，看着视频中的老师能说着一口流利的英文，我便梦想着自己有一天也能走出国门用英语去了解世界。一路走来，英语都是我最好的学科，一直到大学，我也选择了英语专业，第一份工作也选择做一名英语老师。

梦想着拥有属于一家自己的培训学校，所以大学刚毕业就投身于某上市教育集团，成为一名实习教师。在这家公司我获得了广阔的发展空间，从最基本的教学心理、教学技能、教学实践，到后面涉及的教学管理、教学产品研发、教师培训、学科运营等，让我的教学梦想得以逐步实现，并成为更有价值的人。

2011年，我加入教育行业，从此专注在一线教学中。最初我以为老师只需要在知识上做到专业就可以，而真正成为这个角

色后，我发现所需要的能力远远不止是学科知识——成为一名老师，需从心理学、教育学、课程标准、教学思维和技能、升学政策、教学服务等方面做到专业。

知不足而奋进，望远山而前行。日夜的教研、磨课、上课，同时参与教学服务管理与主讲各类学科政策讲座，让我这个“小白”老师，慢慢成长为一名具备相对完整的英语学科体系思维的英语老师。正因为这段时间的沉淀，我积累了许多学生的成功案例，形成了自己的一套教学方法。有了这段宝贵的经历，我正式打开了教学的大门。

2014-2018年，我带领着自己的英语教师团队，从零到一建立了英语产品体系，研发了一系列英语课程内容，覆盖小学到高中，形成线上教学平台内容库，让老师们可以用上更优质的标准化英语课程内容，确保课堂品质。最有成就感的是，我们能将教学经验沉淀下来，可以让新老师更有方向感，也可以让学生们受益。看着逐渐成形的产品体系，自豪感油然而生。

这也是我最辛苦的一年，因为这段时间累到肩颈和腰都出现了问题，同时我成为新手妈妈，事业和家庭均需兼顾着，身体也在不断抗议。那时总会想，是不是需要暂停下来要歇歇了？可我不想放弃躬身入局的机会，最后终于突破了舒适圈，踏进了更广阔的天地。

2018—2019年，我继续破圈，参与线上教学项目，负责整个项目师资培训与教学管理模块，同时兼顾线上英语产品研发。那时的我真的忙疯了，可我却乐在其中！因为我找到了自己非常喜爱的模块，就是师资培训和教学管理，带领新老师们一起成长和创造更优质的课堂，这件事于我真的好有意思且有价值感。

在此期间，我也发现只是教授知识，不能从根本上解决孩子的学习兴趣和学习动力的问题，而这恰恰是首要解决问题的关键。故我投入了3万多元全身心学习心理学，获得了美国ABNLP执行师、心理减压师、心理画分析师、本能性格系统执行师等证书，并开始尝试将所学内容融入课堂当中。

学习过程中，我进行了自我疗愈，也了解不同性格的人如果想要融洽相处，需要学习不同性格的特点，从而找到对方真正想表达的情绪或需求点。教学过程也是一样的，每个学生的需求点是什么，性格特点是什么，我们需要给予他们怎样的个性化辅导方案，教学过程需要注意什么等，这是我们作为教育工作者需要不断修炼的能力，需要不断去进修。

2019-2021年，我选择新的突破，到新的公司担任教学产品总监，负责全学段学科的产品体系搭建、教学平台设计、教学团队教研、教师培训、学科运营等模块管理。这时候的我，像是重新获得了新的能量滋养，在新的平台上继续发光发热。

在这将近10年时间里，能在热爱的土壤里，不断行动，茁壮成长，感恩上天和身边一直帮助我的贵人们，也感恩努力的自己。

03. 风雨洗礼，逆境后我愈发坚定

当我以为人生就是这样走下去的时候，教育行业在2021年发生了翻天覆地的变化。疫情和“双减”让教育行业从最鼎盛的时期，突然走向无尽的黑暗。我所在的机构也逃不过这一波折而倒闭了。这令我不得不去重新思考自己要走的路，也怀疑自己当初是否应该走进学校，而不是机构。

我开始不断摸索自己适合的路。在2021年到2023年，我给了自己尝试其他路的实践时间。在此期间我加入省级出版社，在其430新业务板块担任产品负责人。搭建了430课后服务课程产品体系，并带领专家团队服务地区学校进行师训，做产品推广，服务覆盖12万+学生。同时，我也经营着一家线上服装护肤品供应链平台，带领团队创造了将近过百万的业绩。可我过得并不开心，因我依然挂念着我的“讲台”，还有我那拥有一家属于自己经营的学校的创业梦。

人在迷茫时，只有走出去多看看，才知道原来初心一直都在。想起以往学生们奋斗的足迹，至今仍让我内心触动：

“跟着卡文老师学英语有前途”，这是来自一名初二可爱的学生的“表白”。其实她小学时期已经通过KET和PET的考试，可因为她不适应初中英语老师的教学方式，一度对英语失去兴

趣，甚至不想再接触英语，导致成绩滑落很多。寒假时，我带着她慢慢从她感兴趣的题材着手，不断鼓励她，用潜移默化的学习方法教她，让她重新找回学习英语的乐趣和动力，并且帮助她一点点重建英语知识体系。对比初二第一学期期末，她第二学期期中提升了10分，她的初中英语老师表示很惊讶，我也很为她感到高兴！

“卡文老师，我进步了20分！”这是来自一名初一学生的“报喜”，他上学期末笔试53分，下学期中提升到73.5分。一开始的他真的有些许泄气，小学的时候英语没有做过其他拓展，一到初一新题型出来，文章难度提升，开始感到力不从心。例如完形填空几乎每次错7-8个选项。我带着他在每一个主题的文章中了解文章框架结构，上下文的逻辑关系，每一种题型的出题方式和考点等，让他尽快适应初中英语的模式。

他的进步，一定离不开他每次上课时集中精神听课，认真对待每次课后作业，以及逐渐开始相信自己可以做好。我真的很为你感到骄傲，一个梦想成为刑警的你。

众多学生中，还有很多让我感动不已的故事，一个个的故事汇聚成我心中专属的诗篇，同样书写着我的人生故事。可能每个人在世上的角色在冥冥中早已注定，回归初心，才能找到自己。

04. 重新出发，成为自己

路漫漫其修远兮，吾将上下而求索。

2024年，我选择再出发，给自己定的目标也只有做好一件事——教学！今年打算从打造个人IP开始，形成优质有效的英语课程产品，融入心理学课堂，让更多的学生受益。在教育行业的第13年，从原来的自我成长需求，已转变成如何更能利他，从而成就自我价值。

对于教学的探索，也从学科知识层面，逐步深入到学生心理层面。接触越多学生，越发现相对于成年人，其实学生也很需要学习如何做好时间管理、学科管理，习得适合自己的学习方法，提升学习动力、学习能力、社交能力等。我开始研发这类学习力课程，并将其逐步融入整体的课程设计中。

在教育行业这么多年，发现学生从小学到初中阶段，大多会出现"水土不服"的情况，如小学的学生晚上11点钟睡觉，家长心里已经很崩溃了，没想到初中学生可能更甚，12点后睡觉已是常态。小学有6年的时间，且只有3个学科，小学生相对有更多的时间适应学习和环境；而初中只有3年，却猛然增加到9个学科，同时还需重新适应新的学校、老师、同学，学生们可能还没完全适应就已经要面临中考了。也许初中生容易出现两极分化的现象，很大的原因在于时间管理、学科管理、学习方法、人际关系处理等。

针对这样的困境，我的目标是带领全科团队形成一套相对立体的课程服务体系，先从根源上解决学生为什么要学，到学什么，如何学，给学生做个性化的学习规划，同时也研发更适合小初衔接的课程，帮助学生顺利过渡小升初这个分水岭，让学生从心理和知识上均为初中做好准备。希望通过这样的课程，造福更多在求学阶段找不到方向和方法的学生们，还有同样为此焦虑的家长们。

回想这一路，虽走得不快，但每一步都在朝着我自己想要走的方向前进着。用自己的行动，去成为想要的“自己”。匆匆人生也无悔，希望您也能找到自己的方向，坚定不移地走下去。共勉之！

启宸

人生就是一段经历，你要做的永远是成为更好的自己

启宸

2011年利比亚撤侨亲历者

曾在非洲、南美5个国别常驻，

“一带一路”的参与者、建设者、见证者

用脚步点亮北京，20年完成北京1000个公园跑步打卡的业务跑者

我大学毕业后就职于一家建筑央企，从事国际项目管理相关工作，曾在非洲和南美的5个国别常驻过9年，曾亲历利比亚撤侨、南北苏丹分裂、查韦斯逝世等大事件，也曾在海拔最高的首都常驻，有幸上过央视。现在很高兴有机会与您分享我关于行动的人生经历。

01. 利比亚撤侨，了解生命的意义

《战狼2》和《万里归途》很多人都看过，它们都取材于2011年我国在利比亚的撤侨行动，而作为曾经的亲身经历者，我想为您讲述自己的经历。

2011年2月15日，利比亚西部城市班加西发生大规模骚乱并迅速蔓延到全境。2月21日晚，我们项目部营地遭到持枪歹徒冲击，部分车辆被抢，宿舍办公室也被洗劫一空，项目部的领导组织中方人员以及近千名孟加拉国工人在现场与歹徒斗智斗勇，进行对峙。

终于我们接到了国内撤离指令，在踏勘好路线后，2月24日一大早，近3000名中方员工乘坐由混凝土工程车改装的平板车、

面包车和小汽车组成的浩荡车队启程出发，向突尼斯边境撤离。没想到总共200多公里的撤离路程，我们竟遭遇了几十道军方临时增设的关卡，面对荷枪实弹的军人，一次次地下车接受检查、盘问、交涉，再放行。幸亏有中国大使馆提前为我们开具的通行证明，它成了保障3000多名同胞平安撤离的护身符，所幸当天中午，车队终于抵达利比亚、突尼斯边境拉斯杰迪尔口岸。

原本以为到了口岸，便可顺利过境，新的问题却发生了——只有持有护照的人才能通关，而连日暴乱中已让大部分人的护照遗失或烧毁。因为当地手机通信受限，通常拨几十次才有可能幸运地接通一次，所以项目部安排大家尝试同时用不同手机联系使馆，而国际长途电话更是完全打不通，我们也早已和国内家人失联。

连着几天与歹徒们对峙，加上挤在车顶顶着寒风摇摇晃晃地站一上午，大家身体已极度疲惫。我们三三两两地在公路旁戈壁滩上坐着，有的人直接躺下；有的人开始绝望，低头小声哭泣；有的人被恐惧吞噬，悄悄写下遗书；更多的人，则是在静静等待，时不时看向口岸对面邻国突尼斯，那儿有一栋栋连绵整洁的楼房，更有我们生存下去的希望。

时间一秒一秒地过去，滞留边境的人越来越多，人群也越来越嘈杂混乱。下午4点多，公路上突然出现了长长的车队，皮卡车、越野车、小轿车共有好几百辆，所有的车辆都在鸣笛、打着双闪。车里的利比亚人有的站在皮卡车后斗、有的把脑袋伸出窗外，有的头上绑着头巾、有的挥舞着利比亚国旗、有的举起拳头、有的吹口哨、有的扯着嗓子尖叫，而大部分人则对着路旁的人群齐声大喊着卡扎菲的名字。打头的是两辆军用皮卡车，车斗上架着机枪，当车辆靠近我们时，车上的士兵突然把枪口朝上，对着天空一顿扫射，“嘟嘟嘟嘟……嘟嘟嘟嘟……”我们都愣在原地一动不动，个个表情凝重，不知所措。那一刻，是我20多年来第一次真切地感受到对死亡的深深恐惧。

大约一个小时后，又驶来一个车队，只有几辆车，打着双闪停在路边。傍晚天色有点暗，朦胧中我看见车上下来几个人，朝着我们聚集的方向走来，走在最前面的人扛着一面卷起的旗。“政府军的游行车队才走，不会是反政府军的又来了吧？”大家的心又再一次提到嗓子眼。只见扛旗的在人群前的空地上停了下来，用力把旗杆插进土里，然后把旗缓缓拉开。“是五星红旗！大使馆的人来啦！”前排有人大喊。“同胞们，我们是中国大使馆的工作人员，请大家放心，祖国带你们安全回家。”现场立马响起热烈的掌声，人们激动地欢呼跳跃，感动地相拥而泣。而我当听到这么温暖有气势的声音，再看到眼前这面鲜艳的五星红旗，也早已热泪盈眶。此情此景，终生难忘。

使馆工作人员很快回到小巴车里给大家制作出境证，拍照、录信息、打印、盖章。晚上11点多，我和一名阿拉伯语翻译带着200多名工人过境。在口岸前方几百米的另一个检查站，一名军警把我叫进旁边的小屋，在对我的背包和笔记本电脑里的文件进行了十多分钟的仔细盘问和检查后，终于将我放行。

而等我从小屋子出来，早已不见其他同伴的身影。我正处于利比亚和突尼斯两国口岸的中间地带，路灯稀疏昏暗，有几段路完全没有灯，只能摸黑前行。在中途一个三岔路口前，我停了下来，因为不知道走哪条路。而这时不远处传来打闹声，扭头看见旁边几十米处的一间小房子前有几个黑影，感觉像是几个喝了酒的男人在打闹，时不时夹杂着一阵阵踹门声。几个男子的嚷嚷声越来越大，而且好像几个黑影在朝我这边走来。“赶紧离开这里”，来不及犹豫，凭着直觉我选了直行的那条路，然后拼命撒腿狂奔……跑了大概几百米，在离前方有灯光的小房子大概20米处才改为慢走，一边喘着粗气，一边听着自己的心跳。走近才知道这小房子是突尼斯口岸的哨所，穿过哨所，我很快见到了在前面等着的阿拉伯语翻译以及和我一起过境的工人们。在中国驻突尼斯大使馆的人员安排下，在突尼斯杰尔巴岛的酒店停留两天后，我们乘坐国内包机安全返回祖国。

从利比亚回来后，我还在苏丹、委内瑞拉、玻利维亚、赤道几内亚常驻多年，也去过亚洲、非洲其他国家出过差。当直面过死亡的威胁，体验过异域生活，我对生命便有了更深的感悟。当经历生死的危机，我彻底明白了生命的意义，我不再畏惧，不再拖延，而是明确目标，克服困难，采取行动。

02. 跑起来，动起来，成为更好的自己

假如要评选世界上最无聊的运动，那么非跑步莫属。它简单、机械重复、无聊，作家冯唐说：“跑步是地球上有史以来最无聊的运动”，很多不爱跑步的人也有同感，但偏偏也有无数人热爱它。

以前跑步，我会在意自己的跑量和速度，也会去关注其他人的数据，当发现与别人有差距时，会开始拼命堆跑量，使劲地迈腿设法让自己跑得更快。由于长期的不科学运动，导致我后来只要跑多或跑快，膝盖就会疼痛，需要休息好几天才能消失。这时我才意识到，我出现运动损伤了，这种运动方式不能再持续了，我需要改变，需要行动起来，去找原因、找方法，对于跑步这件事，我需要去系统学习、重新认识和实践它。

于是我开始系统学习如何科学跑步。我报名参加线上跑步训练营，学习跑步课程，看跑步有关的文章和视频。通过学习跑步理论，了解跑步原理，掌握步频、步幅、最大心率、有氧心率、最大摄氧量、乳酸阈值等基本概念；通过学习跑步方法，从跑姿、跑前热身、跑后拉伸、力量训练、呼吸、控制心率，到如何提高有氧心率，如何准备马拉松比赛，比赛如何进行选择科学配速和补给，再到如何根据配速、足型、偏好等来选择跑鞋等运

动装备……通过半年的学习和实践，我逐步掌握了科学跑步的方法，跑姿更加标准，配速也有所提高，取得进步的同时也更加体会到科学跑步给我带来的快乐。

于我来说，跑步好似人生的一味良药，让我的身心保持健康。首先，跑步能让我精神愉悦，能缓解我的焦虑，能释放我的压力，我很多次的情绪失落，状态低迷，往往一场跑步就能将我治愈。其次，跑步需要不断迈步、不断坚持、一直往前，直到到达终点，这很好地锻炼了我的品格，让我更能放眼未来。最后，跑步让我更加自信，更加从容，更加坚定，更能注重长远。只有内心真正热爱它，把它看成生命中的一部分，去实践和享受跑的过程和收获，才能真正地坚持。跑步有时看似在跑步，实则在修心，和自己对话。跑步不是在与别人比，而是在跟自己比，人生也一样，它也是一场马拉松，你要做的只有一件事——成为更好的自己。

人生需要目标，跑步也一样。如果暂时还没有目标，那么你可以先去行动，在做的过程中，你会慢慢发现目标，知道你想要的是什么。一开始，我在小区旁的公园或马路上跑，2023年下半年我尝试去奥森、朝阳公园等跑步圣地跑，边跑边欣赏美景。跑完我游闲地在公园散步、拍照，不仅锻炼了身体，还能欣赏到公园的美景，挑选满意的照片发朋友圈作为纪念。此外，这还让我的拍照水平有了很大的提升，感觉非常好。

突然有一天我又萌生出一个想法——我可以换不同的公园去

跑。于是我给自己定下2024年的目标：跑500千米，跑步打卡北京的50个公园，跑两个半马，争取跑一个全马。

目前，我已跑步打卡25个公园，完成3个半马。一般我每周末清早去跑外面公园，在跑前一天选好目的公园，而在研究如何选择公园的时候我又发现，北京竟然有大小公园约1000个，于是我又给自己设定了长期目标：用20年时间，跑遍北京所有的公园。

跑步的最高境界是：跑得快乐，跑得长久，跑得不受伤。跑步和人生一样，不是跟别人比，而是跟自己比，你要做的永远只有一件事——成为更好的自己。

灵希

我靠读书赚到人生中的第一桶金

灵希

全平台98万粉丝博主

百万社群创办人

灵希成长行动营创办人

人为什么要读书？

列宁说：“书籍是巨大的力量。”

雨果说：“书籍是造就灵魂的工具。”

高尔基说：“书籍是人类进步的阶梯。”

曾国藩认为：读书能改变一个人的气质。

最喜欢张桂梅说的：“人的一生会面临很多选择，但最不能放弃的就是读书。不读书，天地辽阔内心犹在井底；不求知，宇宙广袤人生局限如尘。你所看过的、读过的书，会在某一时间汇聚成一束光，照亮你的路，增加生命的厚度和广度。”

一个人如果不看书，那么他的价值观就会由他身边的人决定，因为他没有别的输入途径，只能模仿身边的人或者慢慢被环境所改变，周围流行什么就跟随什么，永远找不到自己。

读书是富养自己的灵魂最好的方式，读过的书，哪怕内容不记得，但它依然能体现在谈吐中，在气质里，在广阔的胸襟与宽广的精神中。

自律4年，因为读书，彻底改变自己；因为读书，认识到自己的更多可能性；

因为读书，赚到人生中的第一桶金。

01. 我的读书之旅

2019年在生活的重压之下，终于认识到要彻底改变自己，于是也开始走上自律这条路。说到自律，大家可能想到的第一个词就是早睡早起、运动、让自己瘦下来，我也是一样。

刚开始自律的时候我选择了跑步，用一年的时间，从一开始连5公里都跑不下来到能跑下人生中的第一个全程马拉松！

那时候，真的觉得自己特别了不起！但是，当我从自我陶醉中走出来时，发现我想要的改变却丝毫没有发生。

比如我想找到人生目标，可依然迷茫；

比如我想改变财务状态；可依然月月花光。

无意中我听到一个声音：**你的思维和你的认知塑造了现在的生活，要想改变你的生活，就要改变你脑袋里的东西，而不是改变你的身材**。于是我开始疯狂地报班学习各种各样的课程，有一点病急乱投医了。最终的结果也可想而知了，我变得越来越迷茫，也越来越焦虑。

后来，我索性直接放弃了。

我不再去关注自己能够得到什么，能够改变什么，只要过好这一天就可以。无论今天是刮风还是下雨，无论今天是开心还是失落，我都给自己安排了跑步和读书的任务，也势必完成当天的任务。

大概半年以后，突然一个大的机遇降临到我的头上。我在网络上更新自己的自律生活视频，不经意间就做到了5万粉丝，开始有很多人走进我的生命中。

在主业上也开始有了新的起色，升职加薪，拿到了自己想要的结果，我开始爱上了自己的主业。

从2020年12月开始，有很多粉丝加了我的微信。在和大家交流的过程中，我发现很多粉丝和两年前的我一样，焦虑、迷茫、困惑……

而他们也像当初的我一样，选择早起健身跑步，却没想着改变大脑里的东西（当然，我不否认跑步对一个人的影响，只是想要真正改变生活，光跑步还不够。)。

我内心有一个声音，我得做点什么有意义的事，于是我办了“行动营”（前身为“陪伴营”）。我想带着大家一起去改变自己，我想把我的经验分享给更多的人。

刚开始“行动营”只有20多个人，后来慢慢增长到50个人、100个人、300个人、500人直到现在每一期都有600多人次。

读书带给他们的改变让我惊奇，原来改变也是可以发生在每一个普通人的身上。

有人因为读书，摆脱了抑郁症；

有人因为读书，改善家庭关系；

有人因为读书，实现财务倍增……

而我也因为创办了行动营，赚到了人生中的第一桶金，实现了小时候的理想。

2023年5月，我从“打工小妹”的身份中摆脱了出来，正式开始自己创业。在创业的这一年里，我开办了自己的第一个高客单价产品——共创圈，帮助伙伴们实现副业变现，分享自己的自媒体经验，培养了14位金V博主。我还开办了自己的第一次线下课程。

我在视频号开了283场有关成长、有关读书的直播，场观人次达39.5万多，被评为视频号优质主播。

虽然这对于很多大V来说，都是不值得一提的小成绩，但是对于我而言却是命运的一次洗礼。我一直觉得，读书于我而言是改命!

在过去的4年时间，我带着伙伴们读过很多书，包括《小狗钱钱》《曾国藩传》《掌控习惯》《福格行为模型》《业力管理》《福慧之道》《生命的重建》《纳瓦尔宝典》……每一本书都潜移默化地改变着我。

02. 我的成长收获

这4年的时间我经历了很多，也算经历过人生中比较大的一次波折与变动。直播的时候和小伙伴们说：“经历了波折之后好像就一下子‘变老’了，或者说是成熟了。”

不过我依然很感恩过去的每一步经历，少了任何一段都成不了现在的自己。

过去听过一句话：如果你不觉得过去的自己是傻，那你就没有成长！

我没有觉得过去的自己很傻，但是会觉得过去的自己有点“幼稚”，比较肤浅，比如会觉得很多的想法很天真，而现在就能够有一些看到事物本质的能力。

下面我将总结在过去一年中收获最大的6点分享给你。

1.不要对他人有过高期待

你或许觉得和你身边的朋友因为三观一致，或者是兴趣一致等，关系很要好。但很多时候，关系要好是建立在没有利益冲突的基础上，有了利益冲突，90%的关系会被打散。

当然，如果能够遇到另外10%的朋友，那你一定要好好珍惜，他们是你这辈子宝贵的财富之一。

我说这些不是让你对人性和关系失望，而是希望你能明白，如果有一个人突然背叛你、远离你，不必抱怨、难过和伤心，也不要去憎恨对方，那不过是常态而已。你抱有期待的那个人只不过是生命中的普通人。

同时，关系的本质更多的是“价值”，要努力让自己有“价值”，才能够让一段关系走得更长远。

2.愿力大于业力，业力大于努力

昨天和一个商业的老师聊天，她说：“灵希，其实你对商业一点都不了解，你之所以能在商业上拿到一点结果，其实是因为你很善良。”

我问她：“我才和你聊了一会儿，你怎么就会觉得我很善良？”

她说：“因为我在给你梳理思路的时候，你说的都是怎么帮助学员，因为看到大家的生活过得不太顺利，所以你想带她们通过自媒体盈利。”

以前我觉得要做成一件事要靠自己的努力，而这一年让我深刻地感知到，做成一件事30%在“术”，70%在“道”。

或许努力能够让你温饱，但是要成一件事，必须有善念，要想明白你为什么做这件事，做这件事能够给你身边的人、环境、社会带来什么样的帮助。

如果做这件事是为了让他人更美好，那么就加大了你做成这件事的概率。

3.“德到”才能“得到”

德等于得，德不配位，必有灾殃。德到了，才能得到。

《菜根谭》有句话：“宠利毋居人前，德业毋落人后。”有的人只为赚钱，而忽略品德和才能，他会逐渐沦落到一个无德无才的人。

因为无才无德，他既得不到重用，人品也会遭到质疑，处境会变得异常艰难。

做任何一件事，都不要败坏了德行，那真的是得不偿失的一件事，看似暂时得到了，但是最后会付出更高的代价。

所以，与其去追求“得”，不如去追求“德”。因为“德到了”就会“得到”，“德不到”就“得不到”，哪怕一时“得到”，最终也会“失去”。

4.命自己作，福自己求

人生是有命运这一回事的，我们从出生那一刻开始就拿到了这一生的剧本，如果没有意外，我们就会过上“注定”的一生。

但可以有“意外”，命运是可以改的，改命的关键不在于“努力”，更多在于“善念”。

5.成长最快的方式是懂得自省

第一遍看《曾国藩传》学会了自律，第四遍看曾国藩学会了“自省”。读《曾国藩传》时常常让我“睡不着”。

因为我才开始彻底去“反省”自己，在“彻底的反省”中，我意识到自己身上原来有着那么多的不足。

做自媒体3年以来，我得到了很多。生活在各类的“表白”与“称赞”之下，心里真的产生出一种“自我感觉良好”的错觉。《曾国藩传》这本书来得真是时候，它给我深刻地上了一课。

我也像曾国藩一样，开始每天通过日记的形式来记录自己的“不足”，以此来雕琢自己这枚璞玉。我自省于：我今天做了什么？好还是坏？好的如何传给学员，坏的如何改正？

6.“挫折”是化了妆的礼物

这一年经历了一次人生中比较大的挫折，我因为这个小挫折连续哭了5天，眼睛都哭得红肿了。

经历的过程真的是有点“痛苦”，但是也让我明白了很深刻的道理。

当初如果没有经历挫折我就不会去跑步，不去跑步我就不会做自媒体，不做自媒体就不会有现在的“灵希”。

王阳明因为过往波折的遭遇，在龙场这样既安静又艰苦的环境里日夜反省，才有了“龙场悟道”；苏东坡因为经历了贬官的人生坎坷，才会触景生情留下“竹杖芒鞋轻胜马，谁怕？一蓑烟雨任平生”的诗句。

我当然希望我们的生活是顺顺利利的，但是现实中没有人的生活是顺顺利利的。如果你现在陷入风雨中，那刚好可以锻炼你“乘风破浪”的能力。

黄嗣博

拥抱生命觉醒，活出觉行人生

黄嗣博

嗣博生命学堂创始人

R-LIFE生命成长训练体系创始人

16年顶级领导力咨询公司领导力测评与培训顾问

生命有定数吗？如何活出生命的自由、丰盛与舒展？如何在这一生结束时，真正了然无憾？似乎，我的这一生，就是为了追寻这些问题而来。23年的生命探索过后，我很确信，我已经找到了这些问题的答案。希望这篇文章，也能成为你生命中的一叶轻舟，带你穿越湍急的生活河流。也谢谢你停下脚步，聆听我的生命故事。

01. 生命的追问

2001年，一个18岁的少年，总是喜欢一个人在阴雨绵绵的天气，哼着孙燕姿的歌，注视着大学的田径场，思考“人这一生，到底为何而来，到底又要如何而活”。这个少年，也曾无数次地穿梭于学校的图书馆，几乎翻遍了图书馆中所有图书分类号以B（哲学、宗教）字开头的书，希望在有关人生的书籍中找寻生命的答案。

那个少年，当然是我。这篇文章，也是为了献给这20多年来对生命的追问。2001—2024年，23年的时光，记录和见证着一个独特的灵魂，对于生命真相不可阻挡的热情与渴望。

18岁之前，我生命大部分选择，似乎都在听从父母的安排、符合世俗的成功标准，然而我真正渴望的，却是去探索生命的真相。经过一年多的学生会工作之后，在大二下学期，我内心深处就有一个强烈的声音告诉我，满足世俗的成功标准并不是我要的，我一定要换专业！不是为了社会的热门，而是要追寻内心的热爱。

怀着对生命求索的热情，我毅然决然地放弃了学生会的工作，也放弃了本科财务管理的专业，投入考研的队伍之中，并以全系第二的成绩考取了华东师范大学的教育学硕士，选择将生命教育作为自己的研究方向。在研究生的第二年，我也有机会远赴重洋，去到丹麦做交换生，在学术的殿堂，拥抱各种哲思的激荡。

也许是天性使然，身体和心灵总有一个需要在路上。研究生毕业的我，又选择了一份需要全国差旅的管理咨询工作，并很迅速地成为一名领导力方面的培训师。在短短几年之间，我的足迹就已经遍布祖国的大多数省份。

而身处上海这个多元且包容的城市，我对于生命各种古灵精怪的探索变得更加愈发不可收拾，《周易》《道德经》、中医、中国古代天文地理勘测学、信息预测学、催眠……那些凡是跟生命奥秘有关的学问，我都曾经投入其中，博观经典，兴趣盎然。在讲台上，我是受人尊敬、闪耀光芒、替人答疑解惑的领导力讲师；在私下里，我是行走天涯、无忧无虑、追寻生命真理的游子，看过芬兰的海鸥、坐过跨国的游轮、潜过丽贝岛的海、走过鼓浪屿的路。

那几年的时光，无疑是幸福而绽放的。脚踏大地，拥抱清风，既能让自己坚持内心的追求与热爱，也完成了初入社会最初的物质积累。

一个人无论如何，也要为自己活一次。我很庆幸自己当时的选择。正因为我遵从了自己的意愿而活，自由、丰盛和舒展，才第一次完整地呈现在我生命之中。

那几年，我学到的第一个生命功课就是：始终信任自己内在的声音，做自己真心热爱之事，保持自己真心想走的方向，不管多么疯狂、多么不切实际。

那几年，我系统地读完了《当下的力量》《与神对话》《情绪的惊人力量》等书籍，并做了厚厚的几本读书笔记，我觉得自己似乎已经接触到宇宙中一些核心的智慧。我既能看到宇宙中隐藏的秩序，感知大自然能量的变化，有意识地顺应生命之流，又能学会正面思考，对生命保持着开放和探索的态度，并与自己的本源保持一致。

2010年，我在威海的海边小屋独居了一个星期，面朝大海，瞭望星辰。于是，人生当中第一次，我有了成为一个灵性分享者的愿望。

02. 当生命陷落时

生命的真正考验，往往会在一个人发了大愿的时候悄然而至。2011年的一场大病，让梦想还没有启航，就已经铩羽而归。我不得不中断我的计划，回到老家长沙养病。与疼痛和虚弱相伴的日子，不只夺走了我的金钱与成功，还有梦想与能量。当我再次从老家回到上海时，发现自己已经找不到之前的自信与光芒。

更大的磨难接踵而至。在我和前妻办理结婚登记的同一天，刚走出婚姻登记处的大门，前妻就感到身体不适。当我们打车到医院，等待我们的是前妻小产的消息。前妻因为受不了这件事情的打击，精神和情绪都出现了极端不稳定的状况。后来的婚姻，也发展成为一次次无休止的争吵，并以失败告终。

生命的荒谬情境，彻底击穿了生命当时的虚假繁荣，也让我走进一个沉重而无力的漫长的季节。那时，我常常问我自己：我的这一生，是否就要这样下去了？我一遍一遍抄写着经文，希望能让自己的心平静；我甚至会在无人的旷野大笑，直到眼泪夺眶而出。

生命是良师益友。生命的陷落，是为了完整一个人生命的拼图，更要在无常变迁之中，训练一个人，成为生命的战士。

事情不会永远照我们的设想发生，但事情也不会一直坏下去。即使是在最糟糕的境遇中，我们也能学会如何回到自己的中心，保持微笑，在混乱中学会放松，而不是被短暂的困境所卡住。那是一种非常温柔且开放的状态，去除了我们对生命的误解与执念——认为事物就该永恒不变，并把自己视作一个和万物分离的生命，在错误的地方寻求自己的价值与安全感。

痛苦，有它的巨大价值。当一个人体验过炽烈的爱、绝望的恨，以及生命中太多的苦乐，他对于生命的呐喊会更加强烈，也更容易走向觉醒的道路。而任何人生哲学的终极考验，必须看它是否能帮助我们应对那些生命中最深的苦难。

2016年底，我人生中第一次萌生出家的念头，放下了在世人眼中唾手可得的职场发展机会，踏上了前往印度、泰国的朝圣之旅。2018年，我参加了ICF体系认证的进化教练学习，为我的生命成长增添了一份非常有力的武器。2019年开始，我每年会进行10—20天的禁语闭关，静思生命的实相与空性的智慧。

在这条道路上，我深入了解了脑神经科学、生命科学与阳明心学，更开创了自己的R-LIFE生命成长训练体系——它是我20多年的探索与“折腾”的淬炼。我打造的一套生命觉知与行动系统，既是我生命的结晶，也是一份可以送给这个世界的生命礼物。2024年初，我离开了工作16年的领导力咨询行业，为了实现在威海海边小屋立下的夙愿，正式踏上拥抱生命星辰大海的征途。

03. 负责—觉知—行动，让生命拥有无限可能

在R-LIFE生命成长系统中，生命的第一要义，就是意识到一切的生命呈现，其实都是自己创造的，从而为自己的生命负起百分之百的责任。这也是R-LIFE当中R（Responsibility）的含义。当我们能够这样做时，我们其实就已经走向了生命的觉醒。

外面没有答案，一个人要真正成长，他就必须学会向内看。而当我们足够向内看，自然会发现在我们的内心深处根植着比较、二元、分离的种种信念，但这些信念和假设，却是让我们的人生陷入困境的沉重枷锁，带来负面的情绪与能量，进而影响着我们的行动。

为自己的生命负起责任，向内觉知做好自己的心智功课、情绪功课、能量功课，提升自己的意识维度与能量等级，并向外转化为有觉知的行动，这个就是我经过23年的生命探索，得到的“改命三步法”。

行动是重要的，但如果缺乏有效的向内觉知，我们根本无法有效地向外行动。每一个缺乏觉知的心念与情绪，都会迫使我们去做出徒劳无益的行动，使我们永远被束缚在命运的定局之中，根本不会有什么改变命运的可能，而这往往是大部分人的人生写照。

有了觉知，我们就有了选择的自由。阳明先生说，心即理，参透了自己内在的心智、情绪与能量，我们就有了改变命运的可能。内在先有了成长，外在才会有成果。

在生命智慧的洞见与觉知下，清醒且明晰地行动，我们就可以做到不内耗、不内卷、不焦虑、不着急、不躁动，跳出低水平且重复的命运的束缚。并且，每一个行动都能让我们更了解生命、发展生命。

很少人能把自己的生命讲清楚。而我有幸能经过这23年的生命洗礼与淬炼，将自己的所学所修整合起来，形成这一套认识生命、发展生命、呈现生命的系统。我更整合了信息预测学、天赋优势解读、冥想、催眠、教练等工具，发展出一种整合性的工作方式，让人们可以通过有效的觉知与行动，在命运的基本盘之上，为这一期的人生创造出最大化的成果，并因生命的智慧洞见而蒙受祝福。

行走在人群之中，我从心底送出我的祝福，愿这个世界上所有的人都找到生命的热爱，通过有觉知的行动，过上自己心之所向的生活，并参悟生命的真谛。愿人们步入充满智慧、爱、活力的生命之流，让一切美好、喜悦、丰盛、自由与善良，在生命中自然地呈现出来。这是生命能活出的模样。

园气少女

从二本到芒果台，95 后媒体人的自我超越之旅

园气少女

95后媒体人

元气满满ENFJ-A

KEEP运动3000次，瘦身10斤

坚持阅读1000天

二本逆袭“芒果台”

生活是一个庞大的课题，我对每个项目都很感兴趣。我想要减肥的时候，就去研究运动和饮食，并吆喝着更多人同行；喜欢插花，就去了解它的原理；喜欢咖啡，就在办公室倒腾，研制出不输外面味道的咖啡。我总是带着好奇心去深入研究生活，每一次都是学习的机会。我走到哪儿微信就加到哪儿，在公司里总是对附近生活圈最了解的人。有什么好事儿就咋咋呼呼地向大家推荐，希望大家也能够从中获益。

你好，我是园气少女，一米五咋咋呼呼的重庆幺妹。16岁抑郁症，21岁二本毕业，拿到湖南广电台聘，得到明星主持人张丹丹、马可的信任，成为工作室主创；24岁回重庆，幸福肥到虎背熊腰，减肥3个月瘦了10斤。

生活中的我总是降低自己的阈值，去感受细碎的美好，因为我觉得这是体验人生的最好方式。在工作中，我思路清晰，有的放矢，遵从规则，提前谋划布局。在人与人的交往当中，我注重彼此核心的需求，尽可能互惠互利，力求共赢。

刚毕业的时候，我唯唯诺诺，患得患失，而现在我有想法也有执行力，敢想也敢做。

这一切是从什么时候开始改变的呢？从打开《引爆自律力》开始。

01. 觉醒：初入职场，人生就是为了拧螺丝吗

那时候我在长沙，原本的团队被拆散了，各自重新内部应聘其他团队，周围每天都有人在被裁掉。我加入了电商团队，下午2点上班，晚上2点下班，但是大多时候得凌晨三四点才能到家。那时候，我患上干眼症，看东西都是模糊的，有乳腺增生，头发一把一把地掉，吃了半年中药也不见效。有一天中午12点多钟，我在吃最后几口饭，准备打车去上班，余光掠到角落杂乱地堆着的一周的衣服，愣住了，人生就是连轴转地拧螺丝钉吗？我的人生到底是要干什么呀？仅仅是为了体验工作的辛苦和努力，以及消耗自己的健康吗？人活着是为了什么？为了成功？那成功又是什么呢？如何定义普通人的成功呢？

K叔在书里说："富足人生，是一种丰富、充盈、满足的体验，在身体、智力、情感、财富、人生意义这5个维度上获得富足的状态，才可以实现富足人生的目标。所以富足人生不难，也不单一，财富自由不等于人生富足，人生富足也并不一定需要非常多的财富。"

短短几页纸，让初入职场的我找到了工作的意义、人生的意义。寻找并正视自己真实的欲望和目的，并合理合规有策略地为之努力。

现在的我，想什么就能马上去做，自信、不纠结、不内耗。工作上的思路和结果，能够得到领导的认可和支持，与团队相处，互相支持，互相进步。自律三件套冥想、运动、阅读也可以随时调用，成为保护自己能量、提升自己能量的工具。明白如何与自己相处，如何帮助自己成长。我和对象一起成长，互相支持，一同探索世界。

这才是畅快地活着嘛！

02. 心法：稳固内核，给心脏穿上铠甲

人生在世，到最后拼的都是心态。不要动不动就觉得自己被PUA，其中也藏着痛点和机会。才去湖南电视台实习的时候，常常半夜11点去北区后期机房上班，凌晨5点多再回家，还需要交实习费，我觉得这段经历是我花钱买的，那我就一定要发挥这段经历的价值，疯狂找实习老师们学习，参与他们的项目。别人实习跟一两个项目，我实习直接把部门能跟的项目全部跟了。

来都来了，不如学点东西走。

我上的是二本学校，但是每次上课，我都是抱着反正都要上课，不如好好听的想法上课。当年学的广告学、营销学，我是真的切实用到了我的生活以及工作中，跳槽时用的是SWOT（风险评估模型）分析，运营时用马斯洛需求原理。

现在工作总是有很多会要开，有人觉得领导说话，跟自己无关，我想，来都来了，听听领导说话的逻辑是什么。

人生不也这样，也就3万多天，来都来了，不如玩得开心些。

困难出现，事情变得有趣了起来。

我以前是个胆怯的人，被孤立都不敢为自己发声。可是现在，任何时候，任何情况，我都要无条件支持我自己。**道理是相对的，但是保护自己是绝对的。**

当困难出现，不如嘴角一歪："哼，事情开始变得有趣了呢。"**心态稳住，解决问题就只是战略和步骤问题；**心态一乱，从内耗变得怀疑自己，事情就没这么简单了。

如果人生就是不断地改变，不断地解决问题，你会焦虑吗？

高中说考上大学就好了，大学说毕业就好了，毕业了说工作就好了……不，别等未来，人生也没有最终的形态。快大学毕业的时候我躺在出租屋的床上想，是继续在传媒行业实习还是去考选调生？有一份稳定的工作才能生活幸福吗？多稳定才算是稳定呢？稳定又真的好吗？**变，才是人生唯一不变的东西。**有的时候看似风平浪静，实则暗流涌动；有时看似波涛汹涌，实则波澜不惊。"问题"不是贬义词，**"问题"是现状和目标之间的绝对差，**直视问题才是变化的开始。

努力一定有用吗？

努力不一定有用，但是不努力一定没有用。工作或者做个人影响力都是一样，每个人有每个人的节奏，在自己的节奏和舒适区不断精进，给自己时间空间，**放平心态，持续努力**，尽人事，听天命。

03. 方法：定制自我成长的高效循环

在AI时代，我们缺的不是知识本身，而是驾驭知识的能力，是逻辑，是洞察，是批判。知识是学不完的，问题也是解决不完的。世界有很多规律，是道，是模板，是共通的。不如寻求前人的思维、逻辑、模板，快速去了解世界的游戏规则，最终形成自己的一套世界观。

如何开始让自己的生活变得更好呢？

先让自己做成一件事，得到结果，并且认可且鼓励自己，推动正向循环的飞轮开始旋转起来，如果可以找到志同道合的人同行当然更好。做一件你200%能够完成的事情，比如每天平板支撑一分钟的运动目标，看两页书的阅读目标。完成简单到令人发指的目标，坚持并且拿到正向反馈，你会感觉，你能掌握生活，并有能力变得更好。

我24岁试订婚纱的时候，虎背熊腰，看起来像是42岁。机缘巧合加入了一个运动社群，必须每天运动。那之前我从未坚持运动超过7天，目标是前7天每天完成5分钟，再加量到每天10分钟，再坚持7天。最开始总是每天拖到24：00才运动，根本来不及打卡，就调整到了早上，醒来就穿着睡衣在床上做10分钟的晨起训练。早上有事情，就等车的时候做几个下蹲。把每天运动存在的卡点清除了，运动的习惯就像有了惯性，不需要刻意去坚持。不知不觉运动了3个月，也不知不觉中变瘦了10斤。

也是这个时候我觉得，减肥很容易，其他难事也是同样的道理，从易处下手，逐个击破。

搭建自己的输入系统，并保持专注。

在这个时代太过于信息泛滥了，如何保持高效且专注的输入呢？我习惯每天早上起来先给自己泡一杯茶，进行15分钟的阅读，与优秀的人对话，启动我的大脑，让我保持思考，保持动力。

每周我会抽一天的时间去书店，手机打开勿扰模式一个小时，疯狂浏览书店里面的书籍，将自己感兴趣的书籍收集到一起，并快速浏览目录，吸取自己最感兴趣的部分，最能帮自己解决问题的部分。**书籍和知识一样，只有在还没完全拥有的时候，才是最被渴望的。**

预设自己的能量重启动作。

当我状态不好的时候，我还会启动自己的主题周，恢复自己的能量。主题会是早起、阅读、写作、冥想、运动……简单且正确的事情要反复地做。在开启主题周前，我会制定目标，比如每天阅读30分钟，然后再来拆解我可能会在目标进行过程中遇到的问题：如果没有整块的时间阅读，就中午吃饭的时候抽空看；如果早上要7：00起床，预估睡眠时间8个小时，预留30分钟助眠时间，即从前一天晚上10：30就远离电子设备，泡脚、阅读。抵制诱惑的最好方式是绕开诱惑，**想要“做成”一件事情，最好的方式是，清除“做不成”的因素。**

设计自己的SOP。

将自己需要完成的东西，形成系统，形成自动反馈，避免重复思考，不论工作或者生活都是。我有一个原则就是能够用快捷键的，绝不纯手动。高效不仅存在于工作之中，也存在于生活中的方方面面。我将自己每天需要完成的东西做成了一个表格，精准地记录要做的事：精力是基础，专注带来高效，输入带来灵感，输出带来影响力，认可自己以提升自我内核的稳定性，发现风险、问题并思考解决，同时感受生命中的小确幸。

10：30 睡	6：50 起	冥想 10 分钟	阅读 15 分钟	输出 5 分钟	一句话读书
每日成就（◆◆◆◆◆◆◆◆◆◆）	√需要完成的事情	◆◆◆做得好的	随笔（学习、确幸、利他）	√问题	√改善

《飞驰人生2》中有一句话，反映了很多人真实的人生：“我努力过无数次了，但我明白，机会只存在于其中的一两次。”

我努力想要被看见，被了解，被链接，与您相遇，是我对于我来说很重要的事情。我想做一个有深度、有观点、有影响力的人。我是一个媒体人，我希望我最好的案例是自己。

希望你我都可以找到自己人生的游戏手册，体验人生，享受人生。

陈平安

做好准备工作，将“坏日子”变成“好日子”

陈平安

一个默默无闻的普通人

一个不为生活奔波的慢生活者

一个充满好奇心持续生长的少年

一个能够感受到岁月静好的幸运儿

如果你就想上刀山，那就先去找双厚底的鞋子；如果你就想躺下歇着，那也得先把床铺得软乎乎的。

“磨刀不误砍柴工”的古训就道出了“准备”的重要性，只是我们总是在生活的快车道上匆匆忙忙，遇事时我们吝啬花时间去考虑怎么做更好，而是直接埋头去做，结果就只能止步于尽力而为。

向准备工作要结果，这是我的故事和感悟。

01. 你过的是好日子还是坏日子

请你思考一下这个问题：你目前在过的，是“坏日子”还是“好日子”？

对此我没有答案，而你的答案也不能说是标准答案。

举个例子：某个小长假，小张一边在出租房里煮泡面，一边在朋友圈里发些景点照片。不明真相的看客可能会羡慕，心想这人有钱有闲真快活；另一部分了解小张境况的则可能嗤之以鼻，感觉小张全靠欺骗自己过活真可悲。小张自己呢？既可能是借此鼓励自己，也可能是借此麻痹自己。再换个相反角度的例子：一个人年纪轻轻就功成名就了，有钱又有闲，无限风光。玩儿了几年，感觉玩儿够了，因为刺激是短暂的，而空虚是漫长的。想填满精神的空虚，就需要找些事情做，比如培养一些长久的爱好，或者将之前的爱好重拾起来。典型的真实案例之一就是雷军创建小米前后的心路历程。

所以，我们的日子既是好的，也是坏的。能够找到闪光点的今天就是好的，能够感受到比昨天快乐的今天也是好的。我的今天就是个“好日子”，我希望接下来我的每一天都是“好日子”，你呢？

02. 从“德不配位”到“心安理得”

虽然我觉得今天是个“好日子”，可我今天在工作方面没有做出一点点成绩。别说今天了，昨天、前天、大前天，甚至回溯很多年都没有。活到现在，我都没有做出过令人瞩目的事情。

我只是吃得饱，穿得暖，睡得好。我有的只是父母健康，爱人相伴，朋友两三。我只是有时写写字，弹弹琴，看看书，发发呆。

我的“只是”还有很多，这些小小的满足，就足以让我沉浸在幸福之中。

坦率地说，这样的好日子我也是近几年才开始享受的，大抵是从新冠肺炎疫情开始。如果一定要从新冠肺炎疫情身上找出一点点积极方面的话，那么就是让人们放慢生活的脚步。

向“好日子”进发1.0

疫情来临，我的生活进入了0.5倍速，而焦虑值则开启了2倍速飙升：工作难度骤然提升，健康担忧与日俱增。待在家里的自己就好像是被关在盒子里的小动物，既恐惧又焦躁。

终于在某一天，我问自己：我在为什么而感到焦虑不安?

细细想来，疫情对我的影响并不是很大，工作影响并未显著影响到生活质量，家人们也都很健康，留给我闲着发呆的时间甚至还显著增加了。

我好像找到问题的症结：我太闲了，前所未有地闲。

清闲的日子得有颗能享受的心才行，否则那清闲就是消磨人意志的毒药，是让人胡思乱想的迷魂药。那就好好享受，停止胡思乱想，专心享受当下，就当是放了一个难得的长假吧。我开始了与自己、与疫情和解的努力。

向“好日子”进发2.0

打定主意停止内耗，我开始了“长假”。不上班就干脆睡到自然醒，醒了不着急就磨磨蹭蹭，吃饭慢吞吞，刷手机不用看时间，吃饭时间也不用太固定，手机看累了再看看电视，困了就睡一会儿，晚上困了就早睡，不困就晚睡。

终于过上了“神仙般”的生活，我感觉生活确实美好了起来，自由、舒适、心满意足，直到这样的生活持续一周、两周、三周……

入睡时间不规律降低了我的睡眠质量，不规律的饮食增加了我的体重，过多看手机和电视让我眼睛发花，颈椎发麻，头脑迟钝。幸福感竟然开始降低了，而且一降再降。

我不得不再次开始思考。这一次促使我思考的不再是心理上的压力而是身体上的压力，“爽”的不能只是心，身心皆“爽”才是真的“爽”。自由也得有度，规矩之内皆自由。于是新一轮调整开始了。

作息要规律，尽量规律地吃饭和睡觉是保证身体正常运转的基础操作。要想保持身体素质、增强免疫力，每天要增加一些运动时段，手机和电视每半小时必须停下放松眼睛和肩颈。为了防止头脑退化，每天要在头脑相对清醒的时段学习一些知识，了解一些时事新闻。从小事变起，从小事做起，每改变一个细节，都有收获。

向“好日子”进发：3.0

我的生活又变得快乐起来了。

身体棒棒的，每天也没闲着，不累又充实。有些时刻我甚至觉得如果日子就这样过下去该多好，岁月静好呀！

日子确实就这样过了下去，一过就是一年，接着一年又一年。

持续的经济下滑变成不可避免又不可逆的现实。曾经有过工作交集、只有联系甚至交恶过的人纷纷冒出来寻求工作合作的机会，我相信不是到了万不得已的关头，是绝对不会和这些人合作的。幸运的是，这场危机于我而言不是致命的。

面对周围人的焦虑和困境，我无法独善其身，再一次陷入怀疑和焦虑当中。我这样闲适的日子还能过多久？我会不会在未来的哪一天和某人一样要向别人求援？现在的我面对未来的变化，能够应对自如吗？我现在的生活方式，是对的还是错的？

我既自我怀疑，又茫然无措，最终继续着之前的生活方式。

向“好日子”进发4.0

直到某一天早上，我刚听完每天都要听的课程，开始和家人吃早饭。其间家人提起一个热点问题，我们开启了十几分钟的讨论。从事件的始末到背后涉及的方方面面理论、背景，家人惊讶于我对这个事件的了解深度，而我也从整个讨论过程中获得了一种“舒适”的感觉。

我极其享受这种“舒适”感，这是一种“我知道原委，我可以解释，我有些判断和猜测”的舒适感。在未来不知会走向何处的不确定时刻，这种有限的掌控感是多么稀缺啊！

是的，很多事情我们无法预测，无法左右。我们的一生要经历那么多偶然、巧合、意外，即使是我们有所准备的，事态的发展也常常脱离我们的预想轨道。

我们就是要找到“以不变应万变”的那个无理手，立于不败之地。赢，可能很难；立于不败之地，也不容易。

我每天规律的生活作息和运动，在任何时候，只要一切重启，我都是神清气爽、干劲十足的。

我每天了解时事新闻，积累一些行业经验，学习一点儿感兴趣的知识。这些行动一方面充实了我和家人的宅家生活，另一方面也使得我不会“掉队”，能够有效避免复工初期对于业务的生疏感，更深厚的积累也能够激发出我更高质量的创新。想通了又发现自己做对了，持续下来的动力就更强了。

时间裹挟着生活的碎片，磕磕绊绊，熬过了2020，茫然度过2021，失落的2022，终于走到了2023年。

终于回归到疫情前的生活，一切又已经不再是疫情前的模样了。还好，心很定，气很足，返场很顺利。

03. 吾心安处是吾乡

现在偶尔闲下来，脑子就会瞬间放空。从前生活停停走走，偶然的停驻是无法让心平静下来的。但是现在，忙碌或悠闲，都仿佛有个灵敏的开关，随心所欲。

我们这一生又一直在面临各种考验，大的或小的，难的或易的，关乎性命的或无关痛痒的。这些数不清、做不完的人生考题我们很难都交出完美的答卷，但是我们至少可以采取一些力所能及的有助于交出较好答卷的准备行动。

有人说再努力也不如别人做得好那还做它干吗？其实不然。

只有当你真真正正地去为一些事做一些必要的准备，将时间拉长，你才会切身感受到那些行动都不是白做的，而且你还能够更加接受每一个结果，无论是好的，还是差强人意的，甚至是最坏的。

这是非常了不起的一种自洽，它能够让我们在任何时候、处于任何境况中时都能够保持一种相对平稳且乐观的心态，既能够从容感受当下，又对未来怀抱希望。

我曾是、正是、也将是一个平凡的人，无论失败还是成功。

我曾是、正是、也将是一个快乐的人，无论贫穷还是富有。

在这里用文字与你交流是源于弟弟的推荐，在一无所知的情况下开始了这场回忆，我没有想过一定要通过这些分享获得什么，但是我认为这件事情我做了不会有坏处，也许还会对某位读者有一点点启发，那我就会去做。你看过之后如果有所启发，我为你开心；如果你觉得我的故事太过普通，没关系，至少你知道这世界上还有这样一个人，当然也就会这样一类人，也算丰富了你的视野。

可见开卷有益。

所以，你现在在做的，就是一件对的事情，对的事情不嫌多、不怕慢，只要做起来，未来的某一天，它就可能开花结果。

»»» 知行派

微习惯，让我看到人生更多的可能性

知行派

连续创业者

微习惯成长飞轮发明者

微习惯践行者

2023年5月23日，开始5：30早起、冥想、阅读、俯卧撑、早清单晚复盘持续370天。

“相爱总是简单，相处太难。”

对于大多数减肥的人来说，“增肥总是简单，减肥太难”。2023年春节档电影《热辣滚烫》大卖，除了讲了个好故事，和贾玲先增肥40斤再减掉100斤也有着莫大的关系。

然而，对于贾玲的成功减肥竖起大拇指的同时，我们却很难利用她的方法减肥。一是绝大部分人没有她那种毅力，二是请不起专业的教练指导。那普通人有没有不用付出那么大代价，也能轻松减肥的好方法呢?

有!

01. 没有专业指导，38岁IT男7个月瘦44斤

我是一个80后，出生在湖南最贫困的湘西山区农村。大学毕业后，我一直在互联网公司工作，加班多、运动少。特别是结婚后，体重蹭蹭地往上飙，最夸张的一次是3个月胖了20斤。

2013年的国庆节，我离开了生活10年的昆明，应朋友邀请来到广州一起创业。之后繁忙的工作让家里几乎变成了酒店：早上出门时孩子还没醒，晚上回来时孩子已经进入梦乡。睡眠的缺

乏、无规律的生活快把身体掏空了。2020年，170cm的我体重达到了167斤。身体虚胖，稍微运动就出汗；容易发火，脾气暴躁，经常和老婆吵架。

伴随着肥胖，我的精力也变得很差，差到什么程度呢？

我每天早上7：00起床，11：30左右就犯困；中午休息1小时，下午4：30又犯困。这样的状态严重影响了我的工作和生活。为了找回健康的身体和充沛的精力，我到处寻求帮助，甚至找到广东省中医院的主任专家开方调养，坚持了两个多月，也没什么效果。

事情的转机出现在2021年9月的一次体检。当我看到自己的体检报告后才发现：BMI、甘油三酯、总胆固醇、尿酸等全部超标！

体检项目	检查结果	参考值
BMI	28.7	18.5~23.99
甘油三酯	2.17 mmol	0.45~1.70 mmol
总胆固醇	5.6 mmol	2.9~5.18 mmol
尿酸	526 umol/L	210~430 umol/L

看着报告单上那些超标数值，想到自己的身体状态，我问自己：“老贾，你千里迢迢从昆明来到广州创业，换来的就是这样的结果吗？这是你想要的吗？”

NO!

虽然想改变，但一直没有找到太好方法，直到我偶然读到了斯蒂芬·盖斯的《微习惯：简单到不可能失败的自我管理法则》。这本书就像我混乱生活中的一座灯塔，照亮了我人生改变的路。我一边读，一边按照书中的方式尝试：每天睡觉前10分钟至少读1页书。21天后，我读完了《微习惯》。这样轻松、不依赖于意志力读完一本书，让我工作15年以后，第一次感到阅读的快乐。

既然我能用这个方法轻松读完一本书，是否可以用来改变我糟糕的身体状态呢?

抱着试一试的态度，我运用微习惯的方式，每天完成1个波比跳，使用1个苹果替代晚餐，开始了我的减肥之路。开始的那天，我还邀请老婆一起参与微习惯减肥，结果被她一通吐槽："你这样一点点运动，有什么作用呀，跟玩儿似的。要做就多做一点，才有作用。"

于是，接下来的几天，她按照她的方法开始运动，我按照我的方式减肥。3天之后，她就放弃了。而我，却坚持了下来。一个月后，成果喜人，体重减少了12斤。

因为开始减肥效果明显，我忘记了循序渐进、没有遵循最小黄金行为的方法，加大了运动量，最多的时候一次性做120个波比跳。结果用力过猛，一个半月左右膝盖疼痛得难以忍受。

后来查了资料，才发现波比跳虽然减肥效果好，但对于体重比大的人非常不友好：伤膝盖。就如我当时的状态，如果继续减肥又不改变运动方式，我的膝盖可能会废掉。

怎么办呢？

作为上了中学后就没获得什么成就的小透明，前期获得这样的效果，让自己收获了极大的信心，就这样放弃，实在不甘心。

第二天早上起床后，我站在洗漱台前，看着镜子中的瘦了12斤的自己，再想想之前那种糟糕的状态，我对自己说："老贾，既然有了好的开始，那就不要轻易放弃！办法总比问题多，换个方式就是了。这一次放弃了，下一次是不是也要放弃呢？"

因为手头拮据，没有能力去找专业教练，只能自己查资料，寻找新方法。接下来的几天，我都是在自媒体、搜索引擎、论坛、微信社群中问人查资料，寻找合适的替代减肥方案。

当时因为工作需要，我在学习行为设计，提升公司App的产品体验。

那天早上，在得到App中，我在听梁宁老师的"产品经理30讲"的课程时，听到她介绍斯坦福大学心理学教授B.J.福格博士的《福格行为模型》，并对这本书大加赞赏。基于对梁宁老师的信任，我下载了这本书，开始快速阅读，才读完序，就深受启发。福格教授通过一个公式就将习惯养成的底层逻辑讲得明明白白：B=MAP，行为=动机+能力+提示。

根据书中的行为模式设计，我优化了自己的减肥方案：

1.饮食

保持晚餐不吃主食、只吃一个苹果。

2.运动

在每天必做的行为后面，增加在抖音上大家评价很高同时对膝盖负担小的一组减肥运动：20个小碎步冲拳+40个胯下拍掌+40个抱头提膝+40个开合跳。每天回家后放下背包以后，立即准备好运动垫子，开始新的减肥运动，每天两组。在做到之后，我会对着镜子说："耶，老贾，你又做到了！"

虽然这看起来很二，但在那段艰难的调整期，却给了我持续不断的动力。每个月最开心的时候，就是每次拿起剪刀，将自己的皮带"咔嚓"一声剪短2—3厘米的时候。那声音仿佛是世界上最美妙的声音，让我心旷神怡。

就这样，我的减肥行动就这样一直持续了下来，膝盖也慢慢恢复过来，不再疼痛。

2022年4月30日早上，当我起床洗漱后，穿着短裤站在体重秤上，惊喜地发现体重居然减到了123斤，成功地完成了130斤的减肥目标！那天晚上给老娘打微信视频，她看到我这么瘦了，赶紧对我说："儿子，别减了，你的锁骨都出来了。现在已经很好了"。之后的一段时间，她怕我继续减肥，每次视频的时候都不断提醒，我也只好连忙不迭地答应她："好的，好的。"

这，也许就是减肥之后"幸福的烦恼"吧。

下面是我减肥后的体检报告：

体检项目	检查结果（2021 年）	检查结果（2023 年）	参考值
BMI	28.7	22.34	18.5~23.99
甘油三酯	2.17 mmol	1.34 mmol	0.45~1.70 mmol
总胆固醇	5.6 mmol	3.76 mmol	2.9~5.18 mmol
尿酸	526 umol/L	352 umol/L	210~430 umol/L

02. 微习惯，让我看到人生更多的可能

通过微习惯成功减肥，不仅让我获得了极大的成就感，让我变得自信了，也让我看到自己人生更多的可能。

在减肥成功后，我将这个改变我生命的方法应用到了产品设计中。仅仅是在公司App设计中增加了早上提示任务跟进、晚上工作汇总的消息推送，再配上一张激励的海报，就使App日活跃用户增长了10%。

现在，我还通过这样的方法，开始了新的习惯。

2023年5月23日，我开始了5：30早起冥想、阅读、写读书笔记。通过这样改变，我的知识面得到了提升，精神和身体状态几乎恢复到28岁时那么充沛。

2023年结束时，我在知识星球中一共输出了11.3万字的阅读笔记。

早起后的40天，我又增加了每天做俯卧撑的习惯。从刚开始的1次只能做3个，趴下去起不来，到现在可以1口气做50个，间隔30秒再做40个。通过做俯卧撑，快速唤醒自己一天的状态，开始高效的一天。

也正是因为这样的变化，一位老大哥因为看到了不一样的我。2023年8月，他同其他两个投资人一起成立了公司时，邀请我加入公司，担任公司的负责人。

这就是我和微习惯之间的故事了。

03. 秘密武器：微习惯成长飞轮

细心的你可能已经注意到了，我获得的这些结果和其他人的方法不大一样。市面上，很多的成功，都是建立在强大的意志力上，需要咬牙坚持，但我并非如此。我遵循的是一种无需太多意志力、游戏化的行为模式，总结成一个公式就是：行为习惯=动机★目标★行动★提醒★反馈★激励。

这6个元素共同构成了一个正向的、持续进化的习惯养成方法：微习惯养成6步法。

为了方便记忆，我将微习惯养成6步法，做成了一个微习惯成长飞轮。

通过这个成长飞轮和微习惯行动清单，我在2024年2月到4

月期间，帮助13位小伙伴开始习惯养成。其中8位采取行动的小伙伴，都拿到了结果，其中有让自己养成了早睡早起，精力充沛起来的职场妈妈；也有成功一个月瘦了8斤，成功戒掉烟瘾的建筑行业中年大叔。我们一起利用习惯成长飞轮，不断积小胜为大胜，创造了属于我们平凡的大多数人生命中更多的可能性。

04. 关于微习惯的温馨提醒

1.开始的7-15天，可能需要一些毅力过渡，之后就让习惯来引导你。

2.达到小目标时，一定要主动给自己一些奖励，让你渡过被动效果还没到来的艰难期。

3.如果身体不适，不要盲目坚持，请及时调整方法，没有什么比健康最重要。

4.糟糕的坚持，胜过彻底放弃。人生总有一些意外，偶尔因为不可控的因素中断一下也没有关系。设计行动计划时，请保持适当的弹性。**有弹性的生命，才有更多可能。**

假如你想要改变，却还没有获得成功，请不要放弃。**现在没有成功，不是我们不行，只是没找到适合自己的方法而已。**

天下大事必作于细，天下难事必作于易。

请先悦纳自己，不必自责。然后，观照自己的内心，发现自己想要改变的原因和动机，将它写下来，然后确定想要达成的目标，将它拆解为简单到不可能失败的黄金行动。最后，利用习惯成长飞轮，行在当下，不断积小胜为大胜，成就富足人生。

如果你也想改变自己，却不知道如何开始行动，欢迎联系我。让我们一起养成好习惯，不断积小胜为大胜，创造生命的更多可能性。

陈安山

突破自我，拒绝平庸

陈安山

就职于世界500强企业

小红书博主

轻断食践行者

跑步爱好者

除了上班之外，你是否想过用其他方式赚钱，结果想了一年两年甚至十年八年却迟迟没有行动？你是否想过减肥，结果体重没有变化甚至越减越肥？你是否想过读书，结果一年连一本书都没读完？你是否在开年之际做了一系列美好的规划，结果到年终总结时成果了了甚至毫无建树？你是否在这种颓废状态中循环往复，原地踏步，没有突破和进展，徒增烦恼和自我否定？

想到与得到之间，隔着一个“做到”的距离，只有行动，才是给平庸生活的回击。很多时候我们就是想的太多，给了自己太多的束缚和牵绊，让自己很难踏出第一步。一直在岸上，你就无法学会游泳；一直在外面观望，你就永远看不清里面的世界。大家都熟知“小马过河”的故事，每个人的经历不同，视角不同，对于同一个问题的看法也会不同。我们只有根据自己的情况做好判断，弯下身子，撸起袖子，干起来才知道自己是否合适。想都是问题，做才是答案。无论迈出第一步有多晚，现在就是行动的最佳时刻。总有一天，那微小的未来会在你的心灵深处逐渐变得清晰。生活从不亏待那些向上努力的人。

01. 突破自我，勇敢追求梦想

我出生于沂蒙山区的一个小山村，害羞和内向是我性格的标签。不敢跟长辈打招呼，躲着长辈走，放学路上碰到老师也躲得远远的。我就这样一路腼腆地上了大学，开学后师哥给我们新生传授经验，让我们在好好学习的同时尽量多参加社团活动和社会实践。于是我报名了校书法协会的竞聘，当时有很多人参与竞聘，我坐在台下忐忑不安，脸憋得通红，内心深处不停地做思想斗争，上还是不上？最终“上”的呼喊声更大一些，于是我一咬牙一跺脚就冲上了讲台，那是我人生第一次在那么多陌生人面前发表竞聘演讲。上台后我更加紧张，面红耳赤、呼吸急促，尽量大声演讲以给自己壮胆，脸红着讲完了全程，最后赢得了大家的掌声，竞聘成功。这次经历也给了我极大的信心和鼓舞。

我深知自己是“I”人的短板会限制我的发展，为了磨炼自己，积极参加各种活动，各种勤工俭学。大学期间我在学校发过传单、卖过电话卡、摆过地摊，在饭店端过盘子，在工地搬过砖，在商场卖过豆浆机、卖过太阳能设备等。记得我曾跟着学校的疯狂英语社团在所有学生上课必经的广场上歇斯底里地朗读英语，印象最深刻的一句是“Don't be shy，just try，try try try，never say die.You can fly，you can touch the sky.”（不要害羞，只管试一试，试一试，永不言败。你可以飞翔，你可以触摸天空。）通过刻意练习，我把自己推到台前，让自己无路可退，提高自己的沟通表达能力，让自己在社交时更舒服、更自在。

工作后我抓住各种机会展示自己，主动报名公司的春节晚会，白天上班，晚上排练到很晚。演出当晚，台下坐着公司领导和同事上百人，作为公司新人内心异常地忐忑、紧张。探照灯打过来后，舞台下面就暗下来，看不清大家的表情。我深呼吸调整自己，慢慢放松下来。我们的表演属于超常发挥，得到了大家的一致认可，最终获得了二等奖的好成绩。

勇敢不是没有恐惧，而是在恐惧中前行。宝剑锋从磨砺出，梅花香自苦寒来。敢想敢干，敢于把自己推到台前，让自己无路可退，让自己去经历风霜雨雪，就会实现自我突破。

02. 我的勇敢转行之旅

从央企铁饭碗职位辞职，到未知的行业和公司发展在很多人看来是一个愚蠢的决定。原单位整体待遇不错，人员流动小，很稳定。但是因为项目在哪里人就要去哪里，所以注定漂泊。很多项目前不着村后不着店，每天见到的都是熟悉的面孔，干的都是熟悉的事，时间一长就感觉跟社会脱节了。自己就像浮萍一样，不知道下一个项目在哪，也不知道自己将要到哪去。后来我经常思考，这是我想要的生活吗？于是我利用半年左右的时间把本专业的注册资格证书拿到，找到跳槽的敲门砖。当时项目和公司领导都劝我留下，跟我说“走了就回不来了”。最后经过再三权衡，为了回到自己想定居的城市、为了换一种新的生活方式，我毅然决然地离职了。

来到新单位，面临很多新业务，压力很大。现在的单位较原单位更市场化，人员流动更大。每年都有述职答辩，优胜劣汰，这让我感受到巨大的压力和前所未有的危机。作为新人担忧自己能不能站稳脚跟，很多人工作经验都比我丰富，有时感觉我就是即将要被淘汰的那一个。当时我就给自己打气“尽人事，听天命”，全力以赴做好自己的工作就好。有一次公司组织晋升竞聘，部门将近10个人争夺一个晋升名额。一开始我就打了退堂鼓，因为感觉自己来的时间不长，对自己没信心，感觉机会压根不是给自己准备的。很多“E”人同事平时很会表现，好像更得领导的喜爱。最后我征求同事的意见，同事借用马云的一句话鼓励我参加，“梦想还是要有的，万一实现了呢？”要么不做，要么全力以赴，于是我就用心雕琢我的竞聘报告，并征求老同事的意见。万万没想到，最终我竟然竞聘成功。

然而好景不长，结婚不到半年，公司开拓新市场，派我到外地。刚回到自己定居的城市一年，又要到外地去，而且要跟自己的爱人开启不知要持续多久的异地生活，自己心里很难过，一时难以接受。另外新市场面临很多新业务和新挑战，自己心里也没底，内心是恐惧的。后来领导开导我，要一切往前看，到外地独当一面是难得的锻炼和提升自我的机会，同时也有更高的收入。最终跟爱人商量，决定抓住这个机会。来到新城市，一切都是从0开始，新公司成立之初我们部门就我一个人，部门所有的业务我都要去学习、调研、沟通、协调。那段时间压力巨大，感觉一座大山压在自己身上喘不过气。中午就在办公桌上吃饭，吃完饭继续工作，天天工作到深夜。经过半年左右的时间，工作终于步入正轨。后续我们部门的业务都做得不错，并获得过集团嘉奖。

你喜欢平凡寡淡、一成不变的生活还是一波三折、精彩纷呈的生活？敢于突破自我，敢于抓住机会，敢于承担责任。当你到独当一面的位置上的时候，你的成长是飞速的，你可能用一年的时间就获得了别人三年才有的成长。

03. 突破35岁中年危机，成就新人生

近几年行业下行，一年不如一年，公司业绩下降明显，个人收入也受到很大的影响，负债压力倍增。去年孩子的脚不小心骨折，同时我妈的膝盖在陪孩子去医院的途中也不小心受伤了，俩人都走不了路了。我自己带她们去医院检查，到医院租了把轮椅，推着我妈、背着孩子，轮流做各种检查。忙得我满头大汗，焦头烂额，这次就医经历让我深刻体验了一把上有老下有小的压力。

作为家里的顶梁柱，如何才能更好地撑起这个家？工作后我的体重一路飙升，最高峰时比大学毕业时至少涨了50斤，已经到严重肥胖的程度了。之前也减过肥，要么半途而废，要么反弹回来，减肥均以失败告终。尤其是经过疫情这几年的影响，很多人离我们而去，我深刻地感受到身体健康的重要性。后来我接触到轻断食减肥法，我开始调整自己的饮食顺序和饮食结构，有意识地调整自己的饮食习惯，半年左右轻松减肥20斤。现在裤子明显肥了很多，感觉身体轻盈了，自己的状态更好了，身体各项指标也有了极大的改善。

面对中年危机，除了干好本职工作、保持身体健康外，我也在探索其他的可能性。在如今不确定的大环境下，如何破局呢？

首先要有“空杯”心态，主动学习并深度思考，进行系统性的学习并付诸实践。不要骄傲自大、懒惰麻痹、不思进取，要时刻保持学习，让自己始终保持进步。不断提升自己学习的能力，比如快速掌握一门技能的能力，快速反应并做出调整的能力等。同时只闷头学习也是不行的，没有行动一切都是空谈。比如读书，100天读33本书就很厉害吗？一年读一本书就是水平低吗？在我看来读书只是工具和手段，而不是终极目标，也不是炫耀的资本，关键是靠读书获得什么。读书只是为了获取知识和打开认知吗？获取知识而不去应用，打开认知而不去行动，是非常可惜的。学到知识关键要实践，才能发挥其最大效能。不要营造自己看起来很努力的样子，而是要让这些努力切实助力自己成长和进步。

其次，要打开自己，摆脱束缚，包容开放，顺势而为，抓住机遇。在自媒体蓬勃发展的趋势下，我们也要抓住时代的红利，去突破自己，探索自己更多的可能性。去年我轻松减肥20斤，纠结要不要在自媒体分享，这需要突破自己的心魔。我心想：分享自己的心得，顺势而为，抓住时代的红利，这有什么错呢？我在担心什么呢？多问自己几个为什么，答案就会慢慢清晰。过错是短暂的遗憾，而错过是永远的遗憾。现在我逐步突破自己的心理障碍，开始在小红书分享自己的减肥心得和方法。

最后就是要敢于破圈，敢于跨界，敢于行动，持续行动，持续复盘，持续调整。根据“康波周期”理论，没有长盛不衰的行业，也没有一直如日中天的公司。要时刻保持危机意识，敢于尝试新事物，敢于突破自己的舒适圈，拓展自己的学习圈，缩小自己的恐慌圈，打破自己的天花板。35岁不可怕，日复一日的35岁才可怕。

世界如此广阔，永远有人渴望探索，也永远有人胆怯不前。迈出第一步固然不易，但也并非不可能。也许我们缺少的不是时间和金钱，而是迈出那第一步的勇气——敞开心扉，那就是通向新世界的大门。

琳熙

一个 18 线城市二宝妈妈的成长之路

琳熙

心理学创富导师

个人品牌商业顾问

线上小白用6个月副业变现月入5位数

写作小白用一年写出至少30万字

“今天，你面临的人生困境是什么？”

中年危机、育儿焦虑、生活压力大、升职加薪受阻、亲密关系紧张、职场打压、个人情绪困扰……

面对如此内卷的时代，很多人内心压力巨大，非常焦虑，有很多情绪困扰，无法排解。也有很多人，心有余而力不足，知道该怎么做，就是无法行动，内心没有力量，也缺少勇气。

我深深理解这种感受，因为曾经我和你一样。

过去10年间，我从一个抑郁、迷茫的女孩成长为如今自信绽放的妈妈，我从一个缺乏幸福感知力的人成长为现在拥有感恩之心的人。过去两年间，我从之前纯粹打工到现在打工兼创业，我从一个互联网小白成为个人品牌商业顾问，我从一个写作小白成为一年写了70篇公众号文章的写作者，我从一个线上变现小白成为半年副业变现突破月入5位数的人。

我曾在事业上升期毅然决然裸辞，也曾用18天考上编制教师，还曾在月薪三四千时毫不犹豫付费6位数，深入学习心理学和商业学来提升自己。

那些让我痛苦不堪的经历，很多细节，今天想来还历历在目。不过，如今我把这些经历视为“珍贵的礼物”。那些让我深感荣耀的结果，中间的历程，如今想来还振奋人心。所以，现在我想把自己的亲身经历和一手经验分享给你。

01. 主动出击，积极行动，由边缘人物成为工作能手

大学毕业后，我第一份工作是在一家国企上班，工作稳定，待遇不错，令人羡慕。然而，我在这份工作中，却经受了极度的内心折磨和情绪内耗。当时我独自去到一个远离家乡的地方，初入社会，缺乏经验，又十分社恐，不适应新环境。身边也没有朋友和亲人，没有相关工作经验，工作有难度，我大脑天天超负荷运作，各种负面想法不断产生。那时候我非常在意别人对我的看法，一度陷入自我怀疑和自我否定的漩涡。毕业前对新生活的美好憧憬一概消失了，心理落差很大，经常会被一种很深的孤独感包围着。

当时，我很想多参与到实际工作中，所以几次主动向领导申请工作机会，结果都被婉拒。可能经理觉得我需要先好好学习，但当时敏感自卑的我会过度解读别人的意思，我认为自己工作能力差，不配在这里工作，会有一种很深的自我否定和被忽视的感觉。**人在低自我价值感的时候，是看不见自己的。没有一个人的爱比自己爱自己更深刻，没有一个人的伤害比自己伤害自己更残忍。**那时整个人能量很低，心是紧缩的，时间久了，内心的压抑

让我有一种喘不上气的感觉，长期的压力和无助感逐渐让我进入一种抑郁状态，无法挣脱。

后来，凭着有一些心理学基础，我知道自己这种状态是不妙的，我也尝试用各种各样的方法调整心态。周末会出去玩，接近大自然，试图转移注意力，让自己心情好些。我打过几次心理援助热线，会向我的同学倾诉，也曾多次自问，我为什么会这样，到底是哪里出了问题。这样主动的自我检视，让我一点一点看清自己的心，我想我不能再如此，一定有办法可以帮我走出这种状态。**没有一个人的人生会一直一帆风顺，但是每个时刻你又都有一次选择，选择沉沦，或者更好，这全在你的主动行动中**。我开始思考如何能提高工作能力，让自己能胜任工作，也能让领导同事看到我、给我机会。当时，我知道**让自己变得优秀是解决一切问题的关键**。

所以，我买了专业书开始恶补这个领域的知识，并主动向同事请教，自己也用心摸索和实践。几个月后，得到领导的信任，开始不断把重要工作交给我。又过了一段时间，因为能力突出，领导准备培养我，将来让我在公司某一项目独当一面。

因为主动行动，积极面对，我在公司从一个敏感自卑的边缘人物成为领导和同事口中的工作能手。

02. 毅然决然裸辞考编，立志追寻热爱和人生意义

工作机会来了，领导准备重点培养我，但这时我却陷入了沉思，我多次问自己：这是我想要的工作吗？我做得开心吗？

内心的声音告诉我，不。

即便我有上升机会，即便领导同事极力劝说，即便这份工作有很好的福利待遇，但我依然听从内心，毅然决然裸辞了。

裸辞，不是冲动，不是盲目，而是多次叩问内心，相信“心”的直觉。

回到家乡，寻找下一份工作。那时正好有招聘，我便报名参加，用18天考上了编制教师。这份工作并不是我的梦想，我也不清楚它是否适合我，我唯有的是大胆尝试，臣服命运的安排，拥抱来到身边的机会。

顺应内心，从央企裸辞，看似令人惋惜的行动，但我内心却无比顺畅喜悦。鞋合不合适，只有脚知道；工作是否热爱，只有自己知道。

这一次行动让我清楚看到了自己穿越恐惧的勇气，也让我的生命体验更加精彩。

03. 不满现状，探寻出路，主业之余开启副业

为什么打工者一定要做一份副业？

李笑来老师在他的书中提道：大多数人都认为“商业模式”这个概念和自己没有关系，印象中它是企业才有的东西。

人们普遍认为，企业靠商业模式赚钱，个人靠能力和运气赚钱。很多人甚至不知道“个人商业模式”这个概念的存在。

个人商业模式的基本分类有三种。

第一种，一份时间出售一次。比如打零工、朝九晚五的上班族，本质上都是一份时间出售一次。

第二种，同一份时间出售很多次。其中最典型就是作者，他们耗费一定的时间和精力创作一部作品，印刷成书，就有可能“同一份时间出售多次”。

第三种，购买他人时间再卖出去。比如，你自己创业，做老板，招聘员工为你做事，本质上是购买了他们的时间，他们为你的业务、用户提供服务或产品，你再把它卖出去。

作为一个打工者，光靠出卖自己的时间去拿有上限的工资，那这辈子也很难实现财富自由的梦想。

而且打工者的尽头不一定是退休，还可能是裁员，越来越多的企业开始裁员。尤其人到中年，上有老下有小，被迫重新找工

作，真的是很痛苦的一件事。

所以，作为个体，一定要尽快改良自己的个人商业模式，提前布局自己的事业第二曲线，抵抗事业风险和收入风险。

当我的孩子们降临，作为新手妈妈，各类难以适应的状况接踵而至。身体虚弱、带娃劳累、睡眠不够、育儿焦虑，每天各种琐事，让我心力交瘁，与家人也常发生小矛盾。

那段时间，我多次在心底痛苦呐喊为什么会是这样，我该怎么办？我在极其痛苦又无处发泄的漩涡里来来回回，体验过多次崩溃感。这样的日子太难受，我被痛醒，觉知自己不能再纠缠在里面。

每把锁都带着钥匙，每个问题都带着答案，每种痛都带着要改变的方向。

最初，这种痛苦的感受，认知一般的我只想到要让自己有其他事可做，生命中不能只有孩子和家庭，我还要做我自己，我要改变。

于是我想到了做副业，因为这不仅增加收入，让自己经济更独立，还可以让自己把关注点和精力转移到自我成长上。

我开始在网上搜索，有什么副业可以做，后来，多次在公众号文章中看到一个词：个人品牌。当时，完全不懂这是什么。但是，文章中说个人品牌是未来几十年的趋势，个人品牌是红利期，而且收获会超出你的想象。看到这里，我心动了，多方搜索资料来了解。虽有了初步认知，但还是不太懂这个东西到底是什么。即便如此，我仍隐约觉得，这就是我想要的，这个可以做！

提到我人生的转折点，付费学习算是最大的转折点之一。看好个人品牌这个事业后，紧接着，我开始寻找付费的老师。这是我人生中第一次在网上付费学习，而且第一次知识付费就是5位数，对于月薪三四千的我，被自己如此坚决的付费心态惊着了。虽然价格不菲，但我坚定地认为，这是个趋势，我要做有趋势的事。

我学了很多课程，几乎市面上能看到的关于个人品牌和知识付费头部老师的课程我都学习了。通过大量学习和在圈里“浸泡”，我对个人品牌的理解更深刻了，我觉得这不只是一份副业，也不只是一项事业，它是能够影响一个人生命品质和帮人找到人生意义的一件事情。

随着不断地学习和实践，一次机缘巧合，我再次进入心理学领域学习，学了金钱关系咨询，天赋解读，热情测试等，还学了营销和商业等个人品牌的课程，这个体系叫心理学创富系统，是把心理学和商业学结合。

自从开始学习心理学创富系统的课，我的变化非常大。不仅自己的生命状态变好了，各种关系顺畅了，还开启了个人品牌副业，做到副业月入5位数。

什么拯救了你，你就拿什么去拯救别人。

纵观我过去的人生，每一次困境，都是心理学拯救我，每一次精彩，都是心理学助力我，我是心理学的受益者。所以，我决定今生都传播心理学知识，让更多人活出丰盛喜悦的人生。

做个人品牌这几年里，我有非常多的能力得到了提升：阅读、写作、直播、运营、沟通、知识整理……

我最大的受益之处是，我看待问题的视角发生改变了。不是周围环境变了，而是我变了，看待问题的角度和格局改变了，当自己好了，周围一切都好了。

付费学习、开启副业、深钻心理学，这些表象的事情，归结为一点就是：人生要积极主动求改变，不要做“道理我都懂，可无法改变”的思想巨人，而是去做行动力爆棚的实战家！

舞台再大，你不上场永远是观众；机会再好，你不参与，永远是局外人；能力再强，你不行动，只能看别人成功。行动才是王道，躬身入局才会使梦想成真。

»»» Jessica 黄末之

撕掉标签，重新定义“我”是谁

Jessica黄末之

“丽之第一夫人”创始人

世界中医联合会植物精油疗法常任理事

金刚商学院教育局助理主任

RFP中国精英理财师

终生成长学习者

或许因为父亲赐予了“未之”的名字，我的人生就像“未知数X”一直在不断跨界，探索未知。

从家门口的普通小学到重点中学理科超前班，从计算机本科到艺术设计硕士，从500强外资银行资深客户经理到营养师、世界中医联合会精油疗法常任理事，从参加第一次金刚智慧读书会，到如今已经为数千人次的学员讲过课的金刚智慧讲师。

我始终相信，我的人生不设限。

每一次成功，每一次挑战，每一份关系都是人生给我们最好的礼物。

01. “我”的边界可以无限

曾经我觉得，管别人太麻烦，管好自己就可以了。所以从初入职场开始，我一直选择的都是专业路线（比如资深经理），而不是“团队”路线（团队长）。

从刚入银行就代表银行取得了当年的“上海十佳理财之星”，到后来取得一个又一个奖项和证书。即使离开银行后做独立理财师，也一样保持在独立的专业路径上的进修。**我很享受自己在**

学习中的开心，我给自己的标签是“专才”。

直到一次在演讲课上，杨林老师说：“一个人的成功不是成功，让其他人都成功，你才是真正的成功。”这句话突然启发了我。

这之后，我便开始了带领团队之路。

带领团队没有一个人的时候休闲自由。我需要花更多的时间关心他人的健康，以及如何帮助他们获得健康，要花时间去设想团队的活动组织，要花时间和团队核心交流。

这些都是我从前不曾经历的，困难和伤心的时刻也是不可避免的，特别是在用心之后没有得到正面反馈的时候。

但另一方面，带领团队的过程也带来了很多的成长。因为团队中的每一个人都是自己的镜子。

当看到不愿投入时间的团队伙伴，我想到自己曾经也是如何喜欢“独善其身”；当看到总爱迟到的伙伴，我想到自己曾经是那么地“喜好”迟到；当看到总是“想要更多”的会员，我会想到自己买货时也希望得到更多。

如果没有问题，我们不会成长。而每个遇见的人都是我们生命中的天使，像明镜一样照亮了我们的优点，也照亮了我们的缺点。让我们知道如何成为更好的自己。

于是，我开始调整和改变自己。我的精油团队伙伴从几十人迅速涨到几百人，后来又到几千人。而我也体验到了很多团队成长中的美好和喜悦。看到大家的健康得到了改善，拥有了帮助家人获得健康的能力，提升了团队管理和沟通的能力，站上越来越大的讲台讲课，我的心中无比激动。

曾经只要管好一个“小我”，现在“我”的边界会蔓延到包含整个团队，都是我想要照顾的人。

就像经典智慧中说的，你我之间的边界是人为确定的。“我”可以不是那个独自的自己，而是包含了所有我要照顾的人之后的“我”。

感恩我所有的团队伙伴，带给我这份喜悦的礼物。

02. 幸福的真谛是“你的嘴”就是“我的嘴”

然而，就在事业步步攀升的时候，让我最想不到的意外发生了。

在感情方面，我一直认为自己是一个幸运儿。

大学的时候就认识了同班的老公。硕士毕业的时候就结婚了。一路可以说是非常顺利，结婚两年后，在马尔代夫的蜜月中有了宝贝MJ。

一切都是那么甜蜜。大学窗台下的歌声，写日记，只要我说的，他都会努力去做到。瑜伽、Salsa（萨尔萨舞）的课程，随心所欲地出国旅游，只要我想，他都会一起。

所以，我一度觉得这是一段没有悬念的关系。

然而，2020年11月，在我们结婚13年之际（那年9月的纪念日是唯一一次连吃饭都没有安排的），也是我们认识20年的时候，他突然和我说他要自由。

当时我的第一反应是不可置信。我都忘了自己有没有和他确认他的诉求。

我的第一反应就是：这样的老公，他的状态，他说的话带给我的感受，是从我的意识“种子”而来。想着自己过往的言行和意识创造了这样一个要和我分开的老公，想到在我无意识的状态下种下了这么多伤害的种子，我就忍不住伸出手想要拥抱他。然而他却拒绝了。

在后面的一段时间里，每次我试图接近，都感受到他的后退。想要坐下来聊聊，更是天方夜谭。

或许这是感情对于男人和女人的不同意义，在那段痛苦交流期间，所有的团队业绩对我来说都失去了光彩。在我眼前，最重要的事情只有一件。

我能做的唯有相信智慧。我明白，假如我能改变自己的行为、语言和意识，一切就会发生变化。

第一个21天很快过去了，一切好似都没有起色。就在我痛定思痛，想好放弃，发出一篇“手放开”的文章给老公后，他却意外地来了个大反转——决定回到关系中。当时的我真是太兴奋了，一方面为家庭完整开心，另一方面为自己运用智慧获得成功而高兴。

然而，好景不长。在短暂的出差回来之后，老公又改变了想法。或许是他有感受到，我还没有从内而外改变。

在接下来的两个月的时间里，是真正充满挑战的时候。老公每天都早出晚归。在等他的每一个夜晚，我都会想，他在干什么？会不会不回来？在每一次给他发消息说一起吃饭的时候，收到回复“你放了我吧”，我的心都坠入谷底。

我甚至会想，我是否要接受现实，放弃这段关系，让彼此更轻松？

但是我很快放弃了这个念头。因为“放弃”永远是最简单的。我问自己是否依然爱我老公，答案“是的”。那么我就要做正确的事，而不是简单的事。

我决定，把这个挑战作为一次机会，让我可以尝试真正用智慧来解决棘手的关系问题的机会，让我考验自己是否真正具备资格去带领即将开始的“爱种子”读书会的机会。曾经的我，从来都没有体验过关系中“苦”的滋味，而现在我有了这样的体验。有很多人和我一样，正等待着走出痛苦，收获幸福。如果我能穿越黑暗走出来，我就可以帮助更多和我一样处于这种情况的人。

于是，在这两个月的时间里，我放下了其他所有事情，动力十足地每天“全职”投入在智慧的学习和践行中。从自己日常待人的行为、语言和意识（身、语、意）进行了更为深入地调整。

在家里，我开始温柔地对待父母，也会更加倾听父母的心声，陪他们去想去的地方打卡；每天早起，为儿子和老公做早饭

（要知道，因为是自由职业，之前我都是家里最后一个起床的）。

在外面，我会对陌生人，包括楼道阿姨、保安等微笑；在读书会，我继续分享智慧，为大家服务。

在两个月后，2021年的情人节，也是我们领证的周年纪念日，我们终于有了一次敞开心扉的促膝长谈。

开车一起去甜品店的路上，对我们接下来要谈什么，结果会如何，我们都不知道。车里播放着理查德·克莱德曼的《梦中的婚礼》，而我却不敢推测他的用意。因为之前每次的失望，让我知道要降低预期。

然而结果是好的。我们非常坦诚地交流了彼此的想法。他很惊讶于我这两个月的飞速成长。回到家，他说这是个非常好的开始，并在我的额头吻了一下。

现在的我们，比热恋期还甜蜜。他依然鼓励我做自己喜欢的事，而我多了一份对他的理解和关爱。

在关系中的很多人觉得，为对方改变不值得。然而我非常清楚，我的改变并不是为了谁，而是通过这件事，让我“看到”自己，让我去做应该做的事，让我成为更好的自己。即使最后关系并没有得到修复，也不妨碍我成为更好的自己。

十几岁、二十几岁任性可能是可爱，但是你把任性当成永恒，那么你就错了。感恩我的老公，他让我知晓自己需要提升的地方，给了我从任性女孩，成长为一位真正有智慧的女人的机会。

关爱对方，才是对我们自己真正的关爱。真正的幸福，不是去索取爱，还是先付出你的关心和耐心，慷慨你的时间和精力服务家人。付出越多的人，才得到更多。

真正的勇士是勇于改变自己的人，真正的幸福也只属于愿意改变自己的人。没有什么比想要改变他人更痛苦了，因为你改变不了。也没有什么比改变自己更幸福的了，因为你就是自己的“船长”。

从“我”做起，“丰衣足食”。

03. 最卑微，也是最重要的“我”

在过去的很长的一段时间里，因为自己各方面能力都还不错，我一直有很强的傲慢心。特别是在家里，对老公、孩子发号施令，对父母不耐烦。

在这些年的团队服务和家庭关系变化中，让我学到了把“自己”放到最低。

以前觉得“谦虚使人进步”这句话太“传统”，听起来毫无感觉。而现在却觉得谦虚真的是一个太重要的品质了。

大海之所以能成为大海，是因为它把自己放得最低。于是它承接到了来自各个江流的汇入。

在人群中，把自己放到最低，那么你就不会有“羡慕、嫉妒、恨”，也不会有失望，因为你从来就没过高的期望。更不会受伤。与此同时，你还会学到更多，因为你会充满敬意地去看每个人，你会发现每个人的闪光点，和值得你学习的地方。

同时，这个最“低”的“我”也是“最重要”的。

如果你不能照顾好自己，你就没有办法服务他人；如果你不能欣赏自己的优点，你就无法充满能量、自信地去帮助他人；如果你看不到自己的天赋，你就不能用天赋去贡献你的才华，创造你的价值。

现在的我已是8年精油使用的资深老师。一方面我用精油照护家人，另一方面，和团队伙伴一起，把天然、安全又有效的芳香保健方式传递给更多人。

与此同时，我也是金刚智慧的讲师，已经参与为数千人讲授智慧课程，助力大家运用智慧实现自己的成功和幸福，并在教育局担任助理主任，帮助全球金刚智慧讲师的成长。

另外，我还创立了自己的感恩日记项目，帮助近百位同学在财富、关系上大幅提升。在他们中，有的人突然和多年前的朋友冰释前嫌，有的人看到自己的“木头”老公突然开始秀恩爱，有的人从固定收入开启多条副业收入，有的人突然迎来慷慨的投资商，有的人获“学渣”儿子考进市重点的喜讯。就在写本文时，收到了一年多前的学生的贺信，感谢感恩日记让她实现了不可思议的家庭梦想。

保持求知欲和生活的热情，撕下对自我的固有标签，持续向前走。只有这样，你才有机会找到并打开这扇属于你的未来之门。

感谢一路陪伴我成长的父母和公公婆婆，我的先生和孩子，以及每一位指导过我的老师。

很荣幸参与本书的写作，我相信这也将揭开“我”的人生新篇章。

王利

60 岁我决定拍电影，梦想总能实现

王利

工农商学兵师都做过的奋斗者

网络电影出品人

终身学习者

01. 为人民服务的终身学习者

我是一个终身学习者，终身做着写作的工作。年轻的时候，我是一个文艺青年，自诩有些才华，有很多文体爱好，如唱歌、跳舞、排球、单双杠，都很好。写过许多诗和文章，画过黑板报，对影视剧本创作也有浓厚的兴趣。

我这一生，做过很多种类的工作，下乡种地当过农民，接家里的班当过工人，做过技校的教员，下海做过生意（开街机游戏机厅），当过兵，在武装部工作过几年。后来一直拿笔杆子写文章。

我们家是本本分分的农民出身，传下来的品质就是老老实实做人，踏踏实实做事，我也一直以党员的觉悟来要求自己，一步一个脚印，兢兢业业工作。

因为从小家庭贫困，自己也是党员等原因，我一直不忘初心，坚守本职工作岗位。工作的这些年，我把身心都投入工作中，直到退休。我没有发展我写作、唱歌、剧本创作这些方面的文艺特长，只是利用很少的业余时间，研究影视创作、剧本规律等，逐步积累素材。其中，1996年我有一个机会，参加了北电组织的电影剧本创作班，系统学习了剧本创作的思路和方法。

工作时，我为领导、为单位写文件。当我退休后，我终于有时间写出自己的心声，创作属于自己的剧本。

02. 60岁，我决定拍网络电影

60岁退休后，我有了大量的时间和精力。我觉得不能再等了，决定开始我的电影计划。

之前我已经接触了一些编剧和影视从业人员，也了解了一个剧组运作的大概情况。当时正是网络电影刚刚兴起的时候，网络电影投入比院线电影要小得多，各大网络电影平台都有透明的分润政策，按有效观看量来支付收益。在获得了足够多的行业情况和信息之后，我决定拿出存款投资拍摄一部网络电影，就算收益不多，也在我的承受范围内。

那时候我认识了一位出演过很多角色的年轻男演员，他认识很多影响行业的人。他帮我从全国各地联系了专业的人员，组建了一个拥有完整部门的剧组。他作为男一号，给我推荐了一位出演过一些影视作品的、小有名气的演员作为女主角。他还介绍了一位拍过一些网络电影的女导演作为电影的导演。剧组虽小，五脏俱全。

由于我创作的剧本都达不到网络电影要求的时长60分钟，所以男主角介绍了一位编剧老师创作了剧本《诡异森林之异梦惊魂》。我们决定拍这个剧本。我对剧本故事进行了指导，提出了修改意见。

我的儿子王储也放下北京的工作赶回来，参与到剧组整个拍摄的过程中，作为制片人和执行导演、后期导演推进整个工作。

03. 电影开机，麻烦才刚刚开始

经历了几个月的筹备，万事俱备。剧组的所有人员从全国各地陆续赶到旅顺，组成了制片组、导演组、拍摄组、收音组、服装化妆组、演员组、剧务组等所有部门，主要创作人员50多人。

2016年7月8日，网络电影终于开机了！

我联系了我的朋友旅顺闯关东影视基地的董事长张大洪先生，他为我们提供了在基地里取景拍摄的便利。开机仪式在基地的门口进行，现场很热闹，场面很壮观。

我们很幸运，遇到了陈欣茹作为电影的总导演。她在看了剧本之后帮我们出了个很好的主意。她决定将剧本扩充一下，将原本80分钟的剧本扩充到100分钟左右，这样加上一些回忆的剧情，可以将剧情拉长到120分钟。这样可以用同样的剧组，同样的10天时间，把原本一部的网络电影，拆分成上下两部。在成本基本不变的情况下，拍出两部网络电影，大大降低了风险。

虽然我请了生活制片、群头等人员管理剧组，但是他们是通过人介绍来的，我之前也对他们的专业度和责任心不了解。在拍摄期间很多事都需要我亲自操心。有时候是拍摄找不到场地或者场地的负责人变卦了；有时候一天下来只拍摄了一场戏，进度被大大拖延；有时候演员的衣服落在宾馆没拿或者演员在宾馆化妆，让全剧组等；有时候拍摄延期，原本准备好的租用的车子还得继续支付人家费用；有时候我们在街上拍摄，工作人员来了不让我们拍摄，我们需要将他们安抚好，直到允许我们拍完为止；有时候租了发电车、吊车，师傅不配合，还得去送烟、送红包；演员带来的狗把宾馆门给抓坏了，也得我们掏钱赔偿……每天都会有很多大大小小的麻烦发生，这些都算小事，一一解决了。

拍摄开始后的前几天，我和陈导看出来，有些人在故意地拖进度。因为像摄影组、收音组、群头找的演员这种是按天算劳务的，有些没有职业道德的团队没有接到下一个工作，有可能故意拖延，以增加劳务费用。

眼看着按前几天的进度，原定的十天没法拍完，陈导很负责任，也很着急。她接下来还排满了其他工作。她很有经验，在跟我商量了之后，决定加快拍摄进度，每天延长拍摄时间，后边几天连轴转拍摄到凌晨才收工，大大追赶上了进度。

有一次拍摄一场夜戏，男主角点燃满地的蜡烛，向女主角求婚。拍摄的过程倒是很顺利，但拍摄完了，有一个剧务小伙因为刚进入社会太年轻，上去直接用脚踩灭蜡烛，结果脚受伤了。我得知消息之后赶紧送他去医院，又去他家看他，给他一些补偿金，这才把这件事处理好。每一个细节考虑不到，都可能发生意外。幸亏没发生更大的意外，否则后果不堪设想。

眼看十天过去了，还差几场戏没拍完，陈导和我商量再追加拍摄一天。那天从早拍到晚，一直拍到半夜，天下着小雨，但还有几场没拍完。

此时拍摄所花的费用已经超过了之前男主角请人做的预算了。如果再拍摄一天，这些人员的劳务和吃住又需要一天的费用。我在询问了陈导后，她说虽然有一些场景还没有拍，但可以用话外音和字幕来衔接，影响不大。于是我果断决定停止拍摄，将预算的超额降到最低。

最后算下来，光拍摄期间的成本已经比预算超了10万元，这主要是有人故意拖延和吃回扣的问题。影视行业水还是很深的，能做到这样的成本和时间控制，总体顺利地完成拍摄，已经很不容易了。

04. 后期和宣发，没有经验也得上

拍摄的难关过去了，剪辑和发行的过程还有很多难题。跟现场拍摄相比，这些剪辑和发行没有时间的限制，难度还是小很多。

时间过了半年，剪辑一直出不来，我和制片人王储坐飞机去扬州剪辑公司实地看了一下。我们和剪辑公司的经理深入一聊才

知道，有人从中吃了很多回扣，给到他们公司的钱很少。为了让他们把活干好，我又给他们加了一些钱。工作才又推进起来。陈导一直很负责任地指导剪辑工作，此次也赶到扬州，跟我们一起把剩下的剪辑工作安排好。由王储负责接手剪辑的指导工作。在王储和剪辑公司人员的努力下，经过六七轮精剪，反复修改，电影的上、下两部终于完成了。我们将上下部的名字定为《诡异森林之缘起惊魂》和《诡异森林之异梦惊魂》。

接下来又遇到问题，本来说好用陈导的公司出品本片。但陈导那边出了点问题，不能用她的公司了。电影发行需要有广电资质的公司，于是我们通过朋友，联系到北京金马影视公司帮助我们出品电影。

制片人王储，制作了电影的简介资料、宣传海报、宣传片等内容，同时与金马公司联络合作，反复向爱奇艺网络大电影平台提交各种资料。经过两个月的努力，最终平台给我们的电影排期在2018年4月末。

05. 电影终于上线了

2018年4月26日，我筹拍并作为出品人的网络电影《诡异森林之缘起惊魂》在爱奇艺网络电影上线。

上线之后，就有很多网络电影的广告公司找到我们，让我们投放广告，这些公司是负责在爱奇艺上的各个位置售卖广告位的。当时我们对宣发了解不多，看到他们的广告费用不便宜，如果花这个钱又是一大项成本。因为在拍摄、后期上成本已经一超再超，所以，虽然我知道宣传费用在影视行业里一般占较大的比例，但我们仍决定不再在宣发上投入成本，于是没有做广告。我们都是自己人在各大QQ群（当时微信群还没有现在这么普及）、论坛上发链接推广。

刚开始几天，电影的点击量、观看量还是有所增长的，但随着电影的自然位置被新上架的电影挤到后边，我们也没有买广告位引流，所以电影的观看量越来越不理想。

过了一段时间，广电总局的一次行动中，将我们的电影做了下架整改处理。之后我们多次提交资料，但一直没有通过审核。

虽然这次投资拍摄电影的事情，有一定风险，赚的钱也并不多，但这个过程我完成了我一直以来的心愿——拍摄一部自己的电影。这里边还是有很多遗憾的，但瑕不掩瑜，做成这件事情对我来说，还是很有成就感的。收获远大于投入。

只要敢想敢干，梦想总能实现。

格根塔拉

行动让我在世界的草台班子上见证成长

格根塔拉

哥伦比亚大学毕业

华尔街数字化转型负责人

15年国际教育经验

陪伴300+家庭拿到顶级梦校offer

如果时间倒回到15年前，有人对在上高中的我说："你在20多岁的时候，有机会在4个不同的国家学习、生活和工作，并可以靠自己在美国立足。之后，你有机会在华尔街工作，并要在亚裔话语权很有限的市场和销售部门，为自己和整个团队发声。"我一定会觉得这是个笑话。站在我当时的状态和视野下，我很难想象自己怎样从内蒙古的一个18线小城市走出去，要通过什么样的努力和方式才能完成想要看到外面世界的梦想。

我们常常听到"认知差决定了人与人之间的差距"，它强调了认知程度在我们成长道路上的重要性，也在我求知的道路上带给我很多动力。但另一方面，我也会因为爆炸的信息，陷入知识过剩的焦虑陷阱中。就好像走进一个迷宫当中，仿佛永远都走不出那个循环。面对着层出不穷的课程，我会毫不犹疑地冲上去买下，然后生怕自己会被落下或被淘汰。但是，即使学习了课程，生活和工作也没有发生预想中的改变。这样的状况让我在不自不觉中内耗，并陷入焦虑和自我怀疑的怪圈。

01. 不做“高认知穷人”：知行合一，在于实践

面对这些问题我开始思考，为什么我们知道了很多道理，学习了很多不同的课程，却还是会感觉到迷茫、焦虑呢？为什么小时候虽然懂的知识没有现在多，但是却更容易集中精力？并可以靠简单却正确的道理做出正确的选择？而且，如果当我们无法选择自己的出身和身处的环境时，面对客观存在的认知差距，怎么做才能走出困境？畅销书《认知觉醒》的作者周岭在书中提出过一个尖锐问题：“知识是懂的越多就越有用吗？”

行动学习之父雷金纳德·雷文斯（Reginald Revans）指出：一个人能力的提升，10%来自学习新知识，20%来自人与人之间的交流，而70%来自亲身实践。如果知识只是单纯地停留认知层面，而没有落实到行动上时，能够产生的效果是非常有限的，只有行动才能够带给我们实质性的改变。

意识到这个问题之后，我开始留心观察周围成功长辈的经历和名人传记，我发现前人已经为我们留下了非常宝贵而智慧的经验。就如曾国藩所说：“天下大事当于大处着眼，小处下手。”在人生重要的转折点上，想要有所突破，往往需要踏踏实实地把每一步的小事做好，这样才能逐步累积自己的优势。就像大型考试前的无数个小考一样，如果我们可以调整心态，专注抓住每一次

小考的机会帮助自己查漏补缺，小考就变成了帮助我们秒杀大考最有效率的工具。

复盘人生中几次重要的成长经历，是认真做好当时自己应该做好的事情，让我在不断练习中拥有了更好的心态，并积累了宝贵的经验。当机会来临时，我才能勇敢地抓住它，并在努力的过程中遇到人生中的贵人。

02. 小事做到极致，累积自身优势

我初中时对长笛产生兴趣时，包头只有两个长笛老师。虽然当时对长笛只有非常有限的认识，但是每天坚持练习基本功和周末10个小时以上的练习，让我有机会去北京参加比赛。在比赛中，我不仅认识了更多学习长笛的同学，也争取到面试和跟恩师学习的机会。

面对高考的独木桥，是因为两年104个周末不间断往返于北京和包头的学习，外加每周20个小时的练琴，让我有机会从千人的初试进入清华大学、人民大学、天津大学等5所大学的复试。

虽然，这段长笛的学习之旅并没有预想中的顺利，复试后我没能进入前三名。但是，这段学习经历为我打开了新世界的大门。不同国家的音乐人在老师家举行小型音乐会，借用乐器跨种族、语言和文化表达情感。我第一次因此了解到外面的世界如此

丰富精彩，这为我种下了一颗向上的种子，激励着我之后十几年的成长。

作为普通人，我们能够掌握的信息和资源是非常有限。把小事做好可以帮助我们抓住每一个来之不易的机会，在小事中学习和掌握我们不熟悉和不理解的道理。这个看起来有一些笨拙的方法，可以帮助我们从平凡成长到卓越。如果没有简单枯燥的练习，就没有我音乐学习上的累积，也不会有机会去比赛。是这些看似普通平淡的一小步，带领我走向更大的舞台。面对未知世界，把小事做到极致是普通人突破自我的秘籍，对小事的专注带领我们勇敢前进。

阿尔伯特·哈伯德在《把信送给加西亚》一书中写道："世界上再伟大的工程，都可以分解成细小且具体的事情。想把大事做大，要先把分解后的每一件小事情做好。"不管是身处在人生的哪个时刻，如果不确定之后应该做什么，**安心把自己手头的事情做好，就等同于在不断累积自身优势这个无形资产，并最终引领我们走出人生的迷茫**。

大学第一年，虽然还不知道应该怎么做才能对申请研究生更有帮助。在有限的条件下，我决定每天早上都在操场上读30分钟英语。一开始并不能感受到什么变化，但在之后的高级商务英语、雅思、和GMAT等各类的英语考试中，我都获得了接近满分的成绩。

在研究生申请前期准备中，我搜集了整整一本跟申请学校和专业相关的资料，涵盖综合排名、专业排名、专业课设置、未来就业方向，和学校对于国际生的政策支持等各方面的情况。在选择顾问老师的过程中，根据每一位老师的申请理念和学校的情况，我可以结合自己的情况，梳理出最适合自己优势的申请策略。前期琐碎的总结工作虽然是很细小的事情，但却在申请文书中最好地展示出我求学和进步的过程。因为更贴合项目的要求和自身的情况，我才能得到梦校的offer，并获得奖学金。

在美国第一次参加秋季招聘时，在简历连续被退回6次和完全不了解Networking的情况下，我只能根据网上的评论和老师的推荐，把学校图书馆中所有相关的书都借回家。之后把重点的句子都记录下来，再对照职位的要求和简历一遍遍修改。因为这样的积累，毕业找工作时，我用4个月的时间通过LinkedIn账户和500+校友进行了链接，通过积极跟校友的沟通和学习，成功上岸找到了工作。就是因为相信把小事做好的力量，我才能不断鼓励自己从零开始学习写简历，用蹩脚的英文开始练习Networking。如果当时没有坚定的信念，面对这样的压力，我一定会焦虑或者放弃，也就不会有之后在华尔街和巴黎的工作机会。

03. 用小事磨炼心性，伴随学生终身成长

在异国求学工作的多年间，有很多次当我遇到困难的时候，

都会遇到一些贵人帮助我。有一次，我非常好奇地问一位多次帮助我的老板，为什么他会愿意如此帮助我？他说："能够把小事最好的人，是能够专注的人。"巴菲特曾说："顶级高手，往往比普通人更专注。"比我们优秀的人往往更明白这个道理。

有一句话说，"没有一流的心性，就没有一流的技术"。不忽略小事，就是在生活中磨炼我们的心性。

从第一次自己坐火车离家求学到今天，时间一闪而过。我实现了看世界的梦想，拥有了可以在任何一个国家独立生活和工作的能力。更让我开心的是，在异国学习工作了15年之后，不仅是我自己深刻体会到不同国家、文化、和教育体系下的优势和劣势，我还可以把探索世界的经验分享给我的学生。一路上走过和填平的每一坑，成为滋养我和学生一起成长的养分。有机会跟学生一起完成人生中的第一份升学申请是一个特殊的成长时刻，也是一种独特的幸福。我有幸在他们终身成长的路上，陪伴他们一起在珍贵的高中时期找到自己热爱学科、学会合适自己的学习方法，并一起度过等待录取通知书的那个忐忑春天。

从收到顶级文理学校（明德学院）的候选名单，到制定详细计划反复跟学校沟通，并最终收到转正的录取通知书。这份梦校发来的喜悦信息来之不易，过山车一般的心理体验却非常值得。

从害怕用英语沟通，托福只有60分的成绩开始，到通过4年不断地调整和学习。在12年级的申请季，我们惊喜地收到了凯斯西储大学（综合排名前40）生物医学工程专业的录取通知书。

从经历过高考的失败，遗憾掉档到三本院校，带着迷茫，不甘心和巨大的心理压力，我见证了一个少年，用5年的时间完成从三本院校到逆袭藤校研究生的全过程。

成长就像是一场马拉松长跑，并不是每一个人出生就拥有一手“王炸”。但是，我们每一个人都拥有不断累积自我优势的机会，这也是最容易被大家忽略的一个因素。当我们看到一个看似不够优秀的人成功了，他们成功的原因往往并不是聪明，而是默默地花费了大量的时间，完成了从量变到质变的转化。行动的另外一个含义是积累，是每一步都不断迭代之后的结果。

我们身处于一个高速发展的社会，我们在跟时间赛跑的同时，难免会看到有人用捷径弯道超车，也会看到有人出生就在罗马，不需要花费多少力气就已经站在我们梦寐以求的终点。但是，人生就像在爬山，要走过不同的山峰。并不是每一段山路都有捷径可以走，想要安全地到顶峰，需要我们踏实地走出每一步。

每日的积累，帮助我们把改变和积累内化于心，让它成为浇灌种子茁壮成长的雨露，伴随我们终身成长。

何晓琳

包子老师：向内扎根，向阳而生

何晓琳

某头部教育机构大语文初创产品经理

在线、面授、双师多形态主讲，带生量过万

转型产品设计者

我是一个普通的小城姑娘，快30岁，来北京漂8年了。从小体弱多病，初中喜提全市第一例HINI流感，工作后胃出血、免疫低下导致过敏性休克都体验过，现在瑜伽能下腰、劈叉，能轻松跑步10公里；专业职业不对口，从职级1.1，一路干到副经理；两次职场大挫折，现在考上研究生，新项目走上正轨。身边的前辈总说我是个“狠人”，其实回头看，能做到这些，除了努力，每个阶段的选择和思路也很关键。

努力需要方向，聚焦在正确点上的努力，能起到事半功倍的效果；只去努力不管为何而努力，只能感动自我。保持清醒，坚持推进，种下的因都会结出果实。在前进的过程中，我们总是妄想一帆风顺，没有一点外界的干扰。但越向前越会发现，外界的阳光、雷电皆是资源，虽不可避免，但可为我所用。唯一不变的是变化本身，舵手从不奢求海面风平浪静，他们只会踏浪前行。

01. 埋头学习的新手村，观察周围，复盘自己

我的父母都在银行工作，我又是独生子女，爸妈的愿望很简单：毕业回老家，去银行上班，嫁个人，安安稳稳多好。结果我

找了个专业不对口的教培机构，校招漂到了北京。我妈说，有一次我爸喝多了偷偷跟她讲："妞妞自己一个人在北京多累啊，不行咱劝她回来种地也行啊！"

那时候的我却没觉得太苦。走出学校，进入职场，作为"职场小白"其实是一件很幸福的事情——到处都是可以学的人，到处都是可以犯的错，随时都可以"吸天地之精华，长自己之智慧"。这个阶段的我就跟刚上了天宫的孙猴子一样，看啥都新鲜，看啥都想试一试。一遍一遍录课，写逐字稿，就是为了不让其他老师看出这个老师没啥经验；每天晚上给班里的孩子讲故事，并因此养成阅读习惯，一天不落读了两年。第一次牵头运营项目，从不知道啥是头图，到跟产研沟通小程序的每个操作按钮功能……每天的状态都跟打了鸡血一样，身体疲惫，精神亢奋。

刚进公司就发现公司有个打工人都深恶痛绝的规定——写周报。但不得不说，它给我带来了很大的改变。当周围有太多可以学习的人和事时，我发现我陷入了一种"盲目成长"的状态里。看似每天都很忙，看似积累了经验，但是留下了什么，根本没时间思考。

既然每周都得交周报，我又对我自己的自制力没有信心，干脆就利用这个规则帮自己定期做做思路梳理。我的第一个领导叫"关哥"，她曾经说的一句话我记到了现在，也用到了现在："包子，周报是写给自己的。"周报的中心不在于展示我的战果，而在于回过头来看这一周，是否有一个小点上的成长。如果有，是什么，记录下来；如果没有，敲响警钟，调整状态。

当时我还不知道什么叫OKR工作法，甚至没有抽出专门的、固定的时间去做复盘，就是改变每周周报的写法。把每周做了什么按照目标归类，从众多事项中找一个自己印象最深刻的，想想自己的收获或者是做得不好的地方。最开始我只是发现自己的周报更清晰，也更言之有物了；慢慢地，我竟然觉得自己工作没那么忙了，每天依旧干劲满满，但无头绪的焦虑越来越少。

作为新人，无需迷茫成长，观察周围，找榜样去模仿即可。但也别忘了向内看，复盘自己，把这些养料浇灌在自己身上。

02. 长期发展的专业派，发现问题，解决问题

就这样日子飞快，转了正，轮了岗，迎来了一波又一波的职场新人。这时候我明显发现我的成长速度变慢了——没有那么多新的事情，没有那么多从“0”开始，日复一日、按部就班里又怎么让自己别被温水煮青蛙，而是实现“功力飞升”呢？

后来的一个机会，让我发现了次次都能“功力飞升”的妙招。当时公司业务转型，要推出新的品牌，需要一批双师大主讲和产品经理，既要能做好产品，又要能成为名师。我选择了“吃这口新鲜螃蟹”。现在能轻松说出的选择，当时可是万分纠结。也不能怨我犹豫，我还是很有自知之明的：非科班出身，也没做

过产品，专业度和经验都不够；我的优势是外在展现力强，服务好，讲课其实没什么逻辑。我的短板几乎样样都落在了新机会的需求点上。很感恩当时犹豫退缩的包子被人推了一把，我当时的领导微微老师说了这么一句话："我舍不得放你去干产品，但是如果你是我女儿，我很期待你去试试。"

什么也不用说了，干就完了。那段日子很苦，苦在没有人知道这个产品该是什么样子，要靠自己摸索；苦在我的短板没有像小说里写的那样一下就消失了，它们依旧横在那里；苦在来自几十所分校的压力和家长孩子的期待。

好在，我清楚地知道我的短板和问题是什么，那就调用所有精力，把短板变成长板。每节课上课前我都要求自己查阅至少10篇相关文献，看3个竞品或者名家的课，手写教案；课后主动访问老师们上课的感受，不等下一轮迭代，直接改到满意为止。枯燥且变态的要求连做三年，我的短板不见了，我就是专家。

我们总是期待有一些"大招"，能一下子让自己变成武林高手。其实大招就是找准一个点，下够功夫，所谓的"一万小时定律"就是这个意思。这个过程很难熬，攻克短板天然就会少了很多成就感，长时间去做一件事也会让人觉得枯燥乏味，所以我在坚持的时候会不断给自己定小目标，小目标达成就给自己一个小奖励，并且主动寻求外界的正向反馈，让自己处在一种良性循环中。

我猜，我是这个阶段开始变成"狠人"的。人有所长也有所短，成长的秘密就是发现问题，然后持续解决问题。当短板变长，水桶自然更能装。我要用长板为自己创造机会，争取时间把短板变成长板。

03. 努力蜕壳的新力量，踩着挫折，逆风翻盘

我几乎没错过任何一次晋升，职位曲线一直“高昂向上”。走上管理岗位，两次大浪才让我体会到什么是窒息。

第一次是行业的大浪。“双减”来了。燥热的教培行业被强制冷却，业务的转型不同往常，徐徐图之。而是要在短时间内练成腾空转体三周半，再稳稳落地，一点容错率都没有。转行还是挑大梁，未来会是什么样，谁也说不清楚。找我面谈的吴老师真是犀利，一句话问得我浑身一激灵：“包子，如果我们只能做一年了，你愿意用这一年做一个真正对孩子好的产品吗?”

我愿意。

转型走上正轨，熬夜的日子按下不表，慢慢有时间回味为什么我不犹豫也能说出那句“我愿意”。在小风浪的顺境中，我在不断成长自己的“术”，也就是当我知道我想要什么的时候，我该怎么得到它。当这次风浪真正打在脸上时，倒逼着我开始去思考“道”，我到底想要什么，我的发心是什么。

生活总是一波未平，一波又起。第二次职场大浪是换领导班

子。来来回回这么多领导，变化才是常态，直到这次，我身在管理岗，而新的领导团队也带来了管理岗的伙伴，矛盾和问题自然就出现了。说实话，那段时间很难过，陷入了一种不平不甘的状态里，真的是我不够优秀吗？那我的数据和成绩又算什么？别人的一句话就能定性我的管理能力吗？之前把所有的时间都投入工作，现在铺天盖地的内耗反噬了，压得我喘不过气来。

于是，我开始自救，开始调整自己的重心，从关注工作，到关注自我，练瑜伽、跑步，规律运动，把泪水变成汗水，不断加强对自己身体的掌控能力。当我慢慢有了肌肉、能够专注冥想的时候，我的不平不甘变少了，开始能冷静思考了。这时的我依旧困惑：我是真的不行吗？如果我不认同这个评价标准我能做些什么呢？当问题聚焦到这里，我一下子明白了我可以做点什么——我要站在更高处去看，我要自己去了解真正的标准，我要能客观评价我自己。想明白之后，我火速备考，直冲北师大，一举上岸教育运营与管理专业。

轻舟已过万重山。作为一艘小船，我无法祈求风平浪静，能做的只有踏浪、向前。

我们像植物一样成长，风雨阳光皆是资源，向内扎根，向阳而生。

明洁

热爱成就事业

明洁

风格定位美学导师

明享空间疗愈创始人

M&J设计师品牌主理人

2018年暑假，我在上海上课，课程结束后，我把课程内容用大白话输出后，发了一条朋友圈和一条视频，不到5分钟，我的微信接收到一条消息，很意外，是我儿子以前的幼儿园老师发来的，她最近的新事业遇到瓶颈了，和新的合作伙伴有点内耗，想要听一下我的建议，我用做赋能的公式给她做确认，又结合我的感受沟通表达完毕后，她发了很长的文字感谢。那一次，我才明白，原来老师也会有日常琐事消耗的时候，从此，我投入了更多的时间，用钱烧格局，为知识付费，更加深入钻研技术。

这一次咨询给了我很大的启发，我觉得很多好的知识需要传递出去。

01. 将热爱的刻意练习，就可以变成天赋

前几年，五一放假前一周，我和四位闺蜜出行，去到了最美南极村旅行，其中一位闺蜜是做工程类的，长年出差在外，我非常佩服她，凡事亲力亲为，经常开着越野车长途跋涉二十多个小时，到了工作地，更是日夜兼程把控每一个细节进度，所以，常年的辛苦透支了她的身体，近几年经常吃药，身体有点发肿，体

重也升到近130斤，睡眠质量很差，特别羡慕我们一觉睡到天亮的，我听了以后说："其实也不难，想改善睡眠质量，做到两点就可以啦。第一，就是准备入睡前，脑袋什么事都不要想了，因为想了也没用，放空脑袋。第二，就是觉察当下的一呼一吸，闭上眼睛，深呼吸。把手放在自己柔软的肚子上。用鼻子吸气，用嘴巴呼气。呼气时，在脑海里对自己说'柔软'；吸气时，腹部慢慢地鼓起来。呼气时，腹部慢慢陷下去。柔软地吸气，腹部鼓起来，慢慢地呼气，腹部陷下去，如果发现自己走神了，再次回来开始就可以。"

她试了试，感觉很轻松，于是在我们来到楣姐民宿住下的时候，她选择和我住一个房间，晚上我带着她练习呼吸法。

当天晚上，通过练习呼吸法，第二天早上醒来，她觉得不可思议，她一觉睡到天亮，而且感觉进入了深度睡眠。接着，我跟她说："从现在起，你就是一个睡眠质量很好的人，每天晚上都很容易入睡，每天都拥有深度睡眠，你要对这一点深信不疑。"

改变语言环境，把"我睡眠很差，睡不着"换成"我每晚用觉察当下的呼吸，我的睡眠质量越来越好，每晚都是深度睡眠"。改变语言环境，结合行动，就会有所改善。

朋友们都觉得我有咨询方面的天赋，我觉得应该是我从小有觉察，再加上潜移默化的练习，不知不觉中形成了天赋。

同时期步入社会的同学们经常问我，为什么我的成长那么快。我总结是以下两个原因：一是聚焦目标，二是保持良好的心态。

02. 聚焦目标，一切为实现目标找方法

活到老，学到老。在学校听到这句话的时候，感觉是喊口号，顺口溜。走上社会后，从参加工作到创业，从懵懂、受挫、负债到干一行成一行，能拿到的结果，就是选择一个好的赛道钻研技术、努力学习、踏实干活、执行力强。

刚毕业时，世界观和认识局限于自己所经历过的事物，对家里现成的供应链销售、管理、营销等成熟的贸易生意不感兴趣，而选择自己投简历、应聘，从小白开始。

正因为当时没有长远目光，就想着毕业后做一个工具人，混点式上班，吃货式下班，晚上追剧，妥妥的月光族。

认知有限，加上没有学习，没有财务逻辑，也没有做决策的方法论，结果上班不到三个月，借款投资失败。当知道这个钱一时半会回不来的时候，我的内心还是慌了两天。但基于小时候对生活的觉察，我知道后悔、焦虑、担心没有用，只有想好接下来怎么做是最适合的，才能解决这个问题。我思考两天后，得出的结论是，没有其他出路，只有踏实工作，努力还钱。

有的人面对负债可能就会想，我怎么这么倒霉，运气怎么这么不好。一直抱怨，一直活在痛苦里，不能自拔。

但是，我知道这一切已经发生，也改变不了，唯一能做的就

是早日把钱还了。

于是，我去公司后，一改以前的佛系状态，我以前就是个不违纪、不干坏事的小透明人，可有可无，也就在濒临被裁员的边缘，从决定还债那天起，我的目标非常明确，工资高一点，收入多一点，要和第一名拿一样多的工资，才有可能一年还清债务。

于是，我把目标盯在了与销售第一名一样高的水平上。过去领导教我的知识点，我觉得很枯燥，怎么讲也记不住。当我目标明确，开始向上求后，自驱力来了，无师自通。我就主动观察第一名业务做得好的，她是怎么讲解的，怎么做的成交方案，她做了哪些动作，每一单下来，做对了什么。我看一遍后，马上落地用，结果真的很有效。

用今天的话说，就是找到了有结果、做得好的对标同事，然后学习对方的做事路径、成交思路，最后自己落地模仿复制，效果很明显，我当月的薪资就翻了一倍。接下来的一年，我的业绩都是名列前茅，于是一年，我就做到了公司合伙人。

就这样，公司也给予了我很多学习成长机会，从制订流程到薪酬体系、营销全案等，包括当时成功学的陈安之、徐鹤宁、梁凯恩等所有课程都学了一遍，这些课程也打开了我的感恩的开关。

一年时间，我就可以独自开始带区域了。

就这样，一年时间，我还清负债，也养成了经济独立的习惯。

复盘这一年从负债到富裕，客观来说，是我运气比较好，公司的业务当时处在稳定上升期。主观原因是，我目标明确，聚焦目标，为实现目标主动找方法，提升自身能力，最终拿到业绩。

世界上发生的每一件事是好事还是坏事，不在于事情本身，而取决于我们对事情的看法与态度。凡事转念，用正向的思维去思考，就会有不一样的结果。

03. 你能影响多少人，你就有多少价值

当一次又一次的聚会闲谈解除了朋友们的烦恼，我觉得学习的知识还是有价值的，于是我将自己的公司交给我的合伙人打理，同年开启了明享空间工作室。我们的核心价值观是帮助每位爱美之人，通过美学改变穿衣风格，解除内在的限制与束缚，解除内心的焦虑与不安，以美的形式展现自我的成长和蜕变过程，改变对生活的态度，找到内心的平静与力量，内外兼修，从而达到情感的释放与疗愈。

通过5年专注一个行业、一个领域，我分享了近一百场成长之旅，帮助近3000人，提升了她们对美学的理解，增加了她们内核的力量，让她们越来越有能量，从内到外越来越美。

现在，很多会员都会带朋友来我们明享空间，外在用美学成就自己，内在用知识丰富自己，让每一位女性都值得拥有有钱有

爱的人生，内在丰盛，外在富足。

我帮助女性发现和展现自己的独特魅力，通过了解她的个人特点、喜好、目标，为她们量身定制形象管理方案，让她们在任何场合都能自信地展现最好的自己。

未来，我将帮助10万+职场女性拥有形象管理能力，一起拥有爱自己、爱家人、爱社会的能力，同时实现公益捐款金额超过7位数。

纵身一跃，不是因为有魄力与勇气，而是因为能清晰地预料终极，让身边的人看到对结果的确定性。

泰戈尔说过：

把自己活成一道光，

因为你不知道，

谁会借着你的光，走出黑暗。

愿我们每个人都能活成一束光，绽放着所有的美好！

在人生的旅途中，每个人都有自己的梦想和追求。如果希望自己可以持续自如地生活，就需要不断提高自己的认知。

在追求自己热爱的事业过程中，驱动力也会自发形成，会去投入更多的时间和精力去学习和成长，我总结过平时一次又一次的解惑，大部分原因是对方的潜意识系统出了问题。在他们的潜意识闭环里，一直都是害怕、恐惧、不配得感等，其实他们今天的结果，就是原有的思考和行为造就的。

未来，明享空间还有很长的路要走，要教会更多人学会重新设立潜意识蓝图+改变语言环境，从而重新设计新的人生蓝图。也愿每个人都能找到自己热爱的事业，勇敢地去追求、实现自己的梦想。

听梅

心之所向，行必能至

听梅

领导力专家

《领导力拉力赛》版权课程开发者

企业客户超过500+

做培训经常跟企业里的管理者接触，很多时候上完课，同学们都会围过来问一些具体的问题，有一次，一位同学对成为一名培训师发生了兴趣。

同学：老师，我做管理也有十多年了，您觉得我可以做培训师吗？

我：只要你愿意，一定可以的。

同学：我愿意，但我怕我不是那块料。

我：你为什么觉得自己不是那块料啊？

同学：我当众说话特紧张，平时一对一沟通还行，可一当众讲话脑子就断片儿。

我：多练习就会好的，任何人在面对公众讲话时都会紧张。

同学：我虽然工作了十多年，但一直是在一家公司，我怕自己的背景不够牛，同行业的还行，但如果是跨行业的我就没经验了。

我：每个人都不是全能的，你可以先从熟悉的行业开始，找到自己精专的领域，慢慢扩展边界，不要一下子给自己那么大的挑战。

同学：我没有市场知名度，谁会请我讲课呢？我现在的收入还可以，如果转型做培训师，收入会不会受到影响啊？另外，我的英语也不是特别好，如果有些资料是英文的我不一定能完全搞懂……

其实，我知道他不是在问我，而是在问自己。

01. 答案不在别处，在你心里

像刚才这位管理者的心情你曾经有过吗？对于现在的生活有些不满，对于未来的生活有些期待，但真要改变熟悉的节奏却有各种担心和疑虑。既不舍得现在的“舒适可控”，又不甘心放下“诗和远方”，纠结变成了这个阶段的主题词，总想通过咨询别人找到确定的答案，其实，那个答案不在别处，就在你心里。

这样的情景让我想起自己刚刚从外企辞职出来做培训师的样子。

2004年，我决定离开外企人力资源总监的位置，开启专业培训师的生涯，消息传出，一石激起千层浪，很多朋友都惊讶我做出这样的决定，“为什么”“你疯了吗”“你想干吗”。

那个时候甚至有人认为人力资源部门是“位高、钱多、活少”的部门，整天不就是招招人、做做培训、评评绩效吗？而且动不动就否定业务部门的招聘申请，对员工的涨薪予以限制，还对部门提出绩效评估排名的要求，在公司里绝对是实权部门。为什么要离开这样一个稳当的职业去做一个培训师，这不是自讨苦吃吗？

确实，在2000年初，外企在中国区的业务发展非常快，而且大大优于欧洲和本土的业务增长，所以公司的资源倾斜到中国的比较多，人力资源部在人员招聘、薪酬福利政策、绩效管理和培训安排上都有比较大的话语权。同时，因为公司业务形成了相对稳定的结构和模式，所以人力资源管理中例行性的工作比例较大。在这样的环境下工作虽然很舒适，但时间长了，总有一种缺乏成长的不安。

当时，因为公司的各种人才培养项目，我会接触一些顶尖的培训公司和讲师，他们通过客户调研、访谈，匹配专业的课程并用丰富有趣的方式交付，促进学员的自我发现和能力成长，每次合作都感觉自己受益匪浅。于是心里萌发了一个念头：成为一名培训师。

为此，我咨询了一些培训界的朋友，得到的回答是“好啊”“非常支持”“值得尝试”。我还遇到了一位培训界的前辈，他跟我描述了一个让人心驰神往的培训师的美好未来：

首先，时间自由。哪里都可以成为培训师的备课的场所。

第二，眼界宽广。能接触更多优秀企业的经验和案例，还能及时地学习到企业管理的前沿理论。

第三，跟客户的长期友谊。培训师和客户之间因为彼此的价值观接近，往往能发展出超越生意的友谊，成为终生的朋友。

我发现，培训界的朋友跟外企的朋友给我的反馈截然不同，其实，无论是肯定的意见还是否定的意见，对方都是根据自己的认知和经验予以的回应，没有人跟你拥有一模一样的思想、经历和性格，也没有人能给你的未来打包票。你的期待、你将付出的努力和你能接受的结果，只有你自己最清楚。

02. 若想拥有，必先放手

从一个培训的购买者，转身成为一个培训的提供者，首先要面对的就是从甲方到乙方的身份转变。

以前作为甲方，都是我对培训公司提出要求和期待，现在位置换了，我坐在乙方的位置上跟甲方负责培训的管理者沟通，当遇到跟自己经历、背景相似的人时，双方一拍即合感觉很爽；但遇到跟自己经历、背景不同的甲方时，往往会出现各执己见、相互不认可的状况。这时我才意识到，站在台上讲课只是培训工作的50%，另外50%是销售的工作，只不过我们销售的是软性的、看不见的能力和方案。

老实说，我对销售工作是有抵触的，甚至觉得一个培训师去做销售很“掉价”，特别是当客户说不到重点的时候，更容易表现出“说教”的冲动。但前辈告诉我，优秀的培训师必须首先是一个好的销售。培训师拥有很多结构性的知识、原理和方法这很好，但客户需要的不是这些模型和原理，而是通过这些原理解决问题的方案，而销售就是在理解客户需求与形成解决方案之间的重要桥梁。

我成为培训师的第一课，不是去学习课程结构设计和培训技术，而是放下以往的经验、观点和思维惯性，去倾听和理解客户。而当我越来越放下头脑中的各种模型和原理时，我发现自己跟客户的关系反而更近了，对课程的设计也有了更多的思路。

03. 所有的挫折都是礼物

从甲方转变成乙方，让我学会了根据客户的需求制定方案，然而，当我信心满满地站在讲台上时，却又被兜头泼了一盆冷水。

当时是一家电子产品销售公司，要对其下属门店的店长做团队管理培训。为此我把团队管理的内容认真地梳理了一遍，并对团队管理中的要点和容易出现的问题进行了总结，还认真准备了几十页PPT。我上台授课时，对内容是充满信心的。

课程开始的时候，同学们听得都挺认真，对于自己在团队管理中出现的问题和遇到的挑战非常有共鸣。然而，随着课程的展开，各种团队管理的模型、理论也一个个出现，每一个理论模型都要拆解它的特点和运用步骤。然而，当我对着一页页PPT滔滔不绝地讲解时，却发现同学们开始游离了，有的开始看手机，有的彼此窃窃私语，有的把头埋在桌子上不知道在打盹还是在处理其他业务，课堂变成了我的单向输出，我尝试提问带入大家的参与，但同学的回答并不积极。我不知道问题出在哪里，只能硬着头皮往下讲，一天下来觉得像一年一样漫长。

回到公司，我跟师傅谈及上课的“惨状”，师傅哈哈大笑，他说：“做培训师首先要‘学会说话’。”我很委屈，觉得自己说得挺清楚的呀，内容也是他们需要的，怎么就“不会说话”了？

师傅看着困惑的我解释道：“我说的‘会说话’不是说你讲的内容，你讲的内容没有错，但‘不好听’。记住，成人学习不同于学校的学生，他们对于培训的期待是非常主观和实用的。他们会带着强烈的自我认同和过往经验进入课堂，并希望立刻获得解决方案。”师傅给我总结了培训师讲课的几个要点：

1.心里要有听众

讲师站在台上，不是因为你“想说”，而是因为听众“想听”。必须把你要传达的观点、方法转化为听众的情境和困难。简单地说，就是要以客户为中心，而不是以你自己要讲的内容为中心。

2.培训师要说“人话”

所谓“人话”就是大白话，尽量不要用专业术语或复杂的长句，如果一定要用到一些专业术语，用后也要用大白话解释清楚，只有你能用大白话说出来的道理，才说明你真的懂了

3.培训师要让听众有“A–Ha Moment”

“A–Ha Moment”也叫“领悟时刻”，是学员对所接触的原理、模型有不同以往的发现，如果只是把原理、工具讲一遍，跟学员自己看讲义和PPT有什么区别呢？别人之所以听你讲课，是你能带来跟他们自己看书不一样的领悟。

听了师傅的话，我的心情更是跌到了谷底，天哪，这也太难了吧，这样的“会说话”什么时候能练成啊？！而且，这哪里是什么“会说话”的问题，根本是“会思考”“会设计”的能力呀。看着我生无可恋的表情，师傅拍着我的肩膀说：不要紧，所有的

挫折都是礼物，优秀的培训师都是在不断被学员“虐待”的过程中成长起来的。

从那天起，我开始重新理解一个培训师的价值，也开始敬畏一个职业培训师的能力打造。

一个优秀的培训师不仅需要大量的知识储备，更需要将各种理论模型联系起来的打通能力；不仅需要强有力的表达逻辑，还需要结合生活化的场景用简单易懂的语言传递出来的能力；不仅需要抽丝剥茧的呈现问题，还需要将学员层层带入更深思考的引导能力。

面对挫折，如果你只是想甩掉它或找到捷径，那它不仅不会放过你，还会以各种不同的形式一次次打向你，如果你把它当礼物，审视它触动你的思维和能力短板，那它就会搭建成助你通往成功的阶梯。

04. 赢得生活

20年来，我作为领导力专业顾问，通过授课、咨询等方式为几百家企业提供了领导力提升的服务。客户涉及医药、金融、科技、地产、教育、通讯、电力、物流、互联网等各行各业。讲授的课程也从常规课程到定制内容，再到自主版权课程开发。

今天，我已经享受到最初踏入培训行业时那位前辈跟我描绘的美好景象——自由的时间、更多的视角和更快的学习机会，还有志趣相投的客户变成了朋友。然而与这种生活状态相比，我更感恩一路走来的经历。都说生活不仅有眼前的苟且更有诗和远方，但“诗和远方”不是存在于某一时间和地点的静止画面，而是行走的过程中不断展开和绘制的，只有经历过追求“诗和远方”的艰辛和挫折，才会享受到自己想要的生活。

记得贾玲的电影《热辣滚烫》里，电影结局并不是乐莹取得了比赛的胜利，但乐莹发了第一条朋友圈：“打完了一次拳击比赛，赢了一次！”

人这一生不一定每次“赢”都是胜利，但你只要拼尽全力，坚持到底，那就是“赢”。

“赢”得生活!

“赢”得自己!

伊蓝

灯火里的行动：考研引领我突破人生焦虑

伊蓝

8年教育运营经验

帮助10w同学考取理想院校

热衷于持续精进的211硕士

我的故事很平凡，就是和你一起超市排队结账的普通人，但我的故事也很独特，希望带给你平凡人的前半生。间歇性“丧”，第二天又可以很阳光；在不同阶段会受挫，但很快可以自我修复，重新出发。

不过，随着35岁的临近，我发现自己陷入了前所未有的恐慌和不安之中。外界看来，我或许拥有了一切——稳定的生活、温馨的家庭、尚可的职业发展。然而，却逐渐迷失在“幸福”里，接近人生的拐点，我开始质疑，未来的我还能做什么?

在深深的焦虑中，我意识到只有通过重塑自我，才能突破内心的束缚，为家庭带来更多的幸福与希望。

01. 对自己人生负责，才是真正的自律

现在闭上眼，回顾曾经最快乐的瞬间，你的答案是什么?

没错，我想大部分人会怀念无忧无虑的上学时光。

我出生在遥远西部的一片沙漠边缘，童年的记忆里，3岁的我总是坐在家门口迎接放学归来的哥哥姐姐们，每天他们都会带给我一堆糖果作为礼物。可惜的是，我们小镇上没有幼儿园，直

到7岁我才迈入学校的大门，那时，每天天刚蒙蒙亮我就背着书包奔向学校，那是我一天中最开心的时刻。

6年的小学生活，我是每天最早到校的学生。这个习惯，让我在后来的成长中受益匪浅。四年级数学希望杯，第一次参赛，班里学习好的同学都过了初试，去市里参加复试，然而一直稳居年级前三的我却落榜了……

那个冬天，每天早上第一个到学校的我，不再和烧锅炉的大爷聊天，而是疯狂做奥数题，直到第二年高年级的数学奥数初试，所有人的成绩均不到60分无法晋级，唯独我以82的分数进入决赛，最终获得省级一等奖。

我开始意识到，改变自己的力量并不来自某个具体的事件，而是每一个微小的行动和坚持不懈的努力汇聚成的力量。

尽管我并不喜欢早起，但我学会了从中找寻价值。就如同我母亲，一个坚定的早起者，她的这一行动激励了我。在面对中考的日子里，我选择了学习这一习惯。我开始每天5点半起床，清晨家对面牛肉拉面馆卷帘门拉开的瞬间，我已经在门口等候，伴随着拉面师傅甩面的节奏，我也开启了当天的背诵。那年我的中考成绩是：数学满分120，语文110，英语108，带着中考前十的成绩和国家奥数奖牌，最终进了省级前三的重点高中——北重三中重点班。

你可能以为我的故事会是偏远沙漠小镇做题家，一路顺利考上名校。高中的我确实通过自主招生，被中国地质大学录取，然而就在我庆幸，可以最后来个大的，惊艳“全村”的时候。身体的原因让我高考失利，连续一个星期，我每天晚上除了哭就是哭，似乎脑袋已经放弃思考。

在失望和绝望的深渊里，我的心中埋下了“不甘平庸，拒绝安逸”的种子，决定通过考研来重塑自己的未来。凯文·凯利说：解决困惑的方法就是尝试，我们去尝试一些东西。

02. 每一个困难背后，都蕴藏着更大的机遇

在普大的化学院里，我开辟了挑战自我的新道路，决心通过考研来弥补高考的遗憾。

那段日子，我身负重任，既是班级的学习委员，又是编辑部的部长，每天的时间被安排得满满当当，考研的复习时间几乎挤压到了极限。然而，我坚信“在压力之下，还有潜力未被发掘。”正是这份信念，让我在凌晨5点的宁静中开始了政治复习，在图书馆的角落里默默进步。

奇迹，或许就在早起的某个瞬间发生。

我考的是理工科，当时《物理化学》是最头痛的一科，除了早上5点到6点的政治专属时间，大部分时间都在主攻专业课。就是这个早起微小的行动，2012年考研的成绩中，我的政治科目最终取得了同届最高分74分。

也许是我上大学开始，目标就比较明确，即便每天很忙碌，行动的力量很重要，迈出第一步后，会有股神秘的力量推动着你。最终我成为那届优秀毕业生，顺利上岸。如果此刻你看到这里，我建议你一定要考研，经过考研的锤炼，相信未来不会有难倒你的事情。

研究生毕业后的北漂生活，是新的开始，也是新的挑战。我的第一份工作选择了互联网运营，入职的一周后，我才知道我和另外一个姑娘是整个楼层唯二的两个研究生。也是因为研究生期间，作为辅导员，我需要给本科代课。公司领导安排我研发了本科的课程，入职后的两个月，我又一次以老师的身份回归，不过这次，是互联网讲台，面对的是2w+学员。

我无比感激生命中遇到的第一位领导，这段经历让我在同一家公司默默奉献了7年。从职场新手迅速成长为讲师，再到6个月后的升职为储备经理，紧接着便开始了我领导团队的旅程。然而，正当我认为自己即将迎来事业的巅峰时，却意外陷入了一场前所未有的职场危机。

我所负责的团队，由于领导的离开突然沦为团队中的最后一名。团队由6名与我同期入职的成员组成，但他们对我的管理提出疑问："你凭什么领导我们？仅仅因为你是硕士，还晚于我们加入？"面对这样的困境，无论我如何翻阅《不会带团队，你就只能干到死》和《带团队，就是用好你身边的人》，似乎都无法找到解决之道。用户量的增加使情况更加糟糕，每天必须处理海量的用户信息，夜以继日地工作让我筋疲力尽。

尽管如此，团队的表现仍旧垫底。一次因工作过劳半夜3点才休息的我，因为一夜未能参与工作被粗暴唤醒，电话那头传来的并非关切而是斥责和其他团队的嘲笑声。那一刻，我内心涌起强烈的逃离冲动："我不必忍受这样的委屈，有硕士学位的我何处找不到工作？"但随后，我平复情绪，重新回到了工作岗位。

反思之后，我灵光一闪想到了在研究生时期作为辅导员时使用的"奖学金积分统计法"，并决定在团队中实施。改良后，团队开始采用"个人积分管理办法"，这一创新之举使得团队效率飞速提升，士气大增，最终我们迎头赶上，绩效连续5个月位列集团第一。那时看到我的组长们每个月绩效收入3w+，心里颇感安慰。我也因此获得了职场上的重大胜利，更在成为美股上市教育公司副总监的路上迈出了坚实的一步。

03. 北漂5年买房，实现人生第一个小目标

考研之旅无疑是改变并影响我人生轨迹的关键。在一个偶然的五一假期旅行中，我重逢了一位旧日的组员——小白。他曾从一位职场菜鸟成长为团队中的支柱力量。他关于是否考研的迷茫询问，让我毫不犹豫地鼓励并帮助他追寻学术之路。再次的相遇，他已是北京一家航天国企的骄傲，实现了许多人梦寐以求的

转变。

研究生的经历给予每个人不同的收获，对小白而言是事业，是北京户口，是生活的巨变，而对我，则是那股驱动我不断前行的力量和永不停息的求学之心。很多人，甚至很多励志书都在说，要活在当下。但我认为，要活在未来，至少要有活在未来的眼光。

我的硕士生活，充满了挑战与成长，第一年的课程虽然轻松，但真正的试炼在于之后的实验研究与论文发表。长时间的实验室生活、连续的努力科研工作，让我对996工作制有了全新的理解，那是一段苦中带乐的经历。虽然研究所学并未直接应用于我现在的工作，也未继续走科研道路，但那段时间，是我一生中无比珍贵的记忆。

在2017年，我做出了一个对我来说重大且深具意义的决定——在北京的房价达到顶峰之际，购买了一套房。如今回望，这个决定在别人眼中或许显得冒进，但对我而言，它是过去乃至现在最明智的选择。这一切，离不开我的家人和伴侣的支持与陪伴，在那段充满挑战的日子里，我们的生活被压缩到仅够维持基本开销，每一分钱都被慎重使用。为了共同的目标，我们巧妙地经济开支，甚至在闲鱼上售卖不再需要的物品，每天努力工作，幸运地抓住了时代给予的机遇。两年后，我们终于还清了所有的债务，同时，生命中的新希望——我们的宝贝儿也来到了这个世界。

04. 人生没有太晚的开始，只有太早的放弃

接近35岁的阶段，我突然发现自己似乎陷入了无尽的恐慌和内耗之中。尽管从外人眼中看来，我已经拥有了许多人梦寐以求的东西：在北京定居，有自己的房车，甚至还积累了7位数的存款。但是，幸福感却在不知不觉中慢慢消失，我开始对自己所拥有的一切感到麻木，不再感到满足和快乐。

面对工作的停滞不前，我开始焦虑起来。我曾经信誓旦旦地对自己承诺，到35岁时一定要有所成就。然而，随着这个期限的临近，我却发现自己似乎远离了那个目标。我的情绪变得极其不稳定，简单的一句话或一个画面就能让我泪流满面，看到其他家长竞相培养孩子的视频时，我更是焦急万分。

直到有一天，我的宝贝对我说："妈妈，你能开心一点吗？"这句简单的话语像是晨钟暮鼓，唤醒了内心深处的我。突然想起了研究生时期在实验室孤独地做实验的日子，那时的我也是面对重复乏味的实验项目，每天与孤独和挑战相伴，但我从未放弃。

记得为了让实验不再成为负担，我开始制定详细的计划表，将每天需要完成的任务一一列出，从而让自己在完成每一项任务时感受到成就感。就这样，我学会了在快乐中前进，渐渐克服了内心的焦虑和恐慌。

受到宝贝的启发，我意识到不应该在恐慌和内耗中消耗自己的生命，而应该通过具体的行动来实现自我提升。于是，我开始行动起来。重拾早起计划，把自己投入读书和英语的学习计划中。同时将这种方法应用到孩子的教育中，开始为他制定“省心英语学习法”。半年的动画启蒙和跟读让他的英语口语迅速超越了同龄的孩子，而他最开心的时刻，则是在每天的计划表上打上对钩。

这次经历让我深刻体会到，“你是一切的根源，也是一切的资源。”一个人的存在本身就是一场奇迹，我们通过积极的态度和行动，不仅能够改变自己，也能够激发身边人的潜力，共同实现此生的梦想。

open

后知后觉，我如何用高密度行动重塑人生

open

北京新东方历史教师

教授万名中考满分学员及高考名校学生

每年都带毕业班，每天都在感悟成长

喜欢阅读记录，看各种繁华人生

我自认为是一个健谈的人。无论何时，只要有愿意倾听的伙伴，我总能迅速地就各种话题展开讨论，我能够灵活地调整自己的交流方式，以确保对话流畅且令人愉悦。这种能力，让我在各种社交场合中游刃有余，也间接地为我赢得了宝贵的机会。

回顾过去，我往往只展示了自己最光鲜的一面。我的朋友们也常常认为我的成功似乎是自然而然、水到渠成的。在日复一日的忙碌生活中，我几乎没有机会去深入反思自己是如何一步步走到今天的。幸运的是，这次出版书籍的经历，为我提供了一个难得的机会，让我这个总是后知后觉的人，能够重新审视和认识自己。

01. 成长和学业，快乐与挑战的交织

我的学习之旅始于儿童时期，因为一场小儿流行病——腮腺炎，我与老师发生了冲突。我年少无知，竟怒斥老师是否看不起我，因为一点小病就让我回家。现在回想起来，这真是一段既愚蠢又可爱的记忆。那次冲突让我在小朋友中声名鹊起，被赞扬敢于挑战权威。不知父母是如何处理的，不久后我便离开了那所幼

儿园。现在想来，我可能错过了许多幼儿园的快乐时光。

我对小学的记忆模糊不清，只留下一些父母经常提起的片段。比如，我曾因拿错试卷而在数学考试中得了零分，老师不问缘由地责备我，断言我没有数学天赋；从四年级开始打篮球后，我常常放学不回家，父母不得不到学校找我，然后给我买零食，边走边吃……那是一段幸福的时光。如果时间允许，我可能还能回忆起更多的事情，但我记得的都是那些快乐的时刻，那些不快似乎在时光的流逝中被抹去了。

初中是我学习生涯的转折点。初一时，我加入了校篮球队，每天训练让我筋疲力尽，上课时常常打瞌睡，导致成绩一落千丈。但父母并没有责怪我，我自己也只是在看到成绩时感到失望，然后继续训练。直到初一期末考试后，我们的数学老师因为表现突出被调到另一所中学担任副校长，父亲背着我办理了转学手续。他逢人便说戴老师多么优秀，我们家孩子必须跟着他学习。就这样，我离开了心爱的校队，被迫转学。新班级没有座位，我被安排在第一排与另外两个同学挤在一起。后来得知，戴副校长只教我们一个班，班里因为他转来的学生还不少。我第一次清晰地意识到，我遇到了一位好老师，父亲的眼光真是独到。

有人管和没人管确实大不相同。我的学习紧张感瞬间提升，期末考成绩显著提高，跻身年级前列。英语成绩据说在县里排名第一，虽然我无法核实，但班主任是英语老师，突然对我非常重视，经常与我交谈。语文老师也常在放学后顺路带我回家，因为他家要路过我家门口。在这种氛围下，我一直保持好成绩，最终考入了州一中，这是我人生的高光时刻。在州一中，我长时间享受着来自亲朋好友的赞誉。

然而，最好的中学并不好“混”。学霸云集，我高一物理都没有及格过，那种对人生和自己的怀疑至今仍让我心有余悸。理科好找工作，国家和老师都鼓励学理科，老师甚至直言不讳地不让一些理科好的同学选文科。但我确实没有学理科的天赋，那段经历让我痛苦不堪。初中时的优秀让我在高中感到巨大的落差，一度想要放弃。转机出现在高一下学期文理分科时，我不再需要学习物理，成绩随之提高，也恢复了一些信心。更大的转机还在后头。高二下学期一开学，我因为打球不慎摔伤了膝盖韧带，医生甚至建议截肢。我母亲当即反驳了医生，我们出院后尝试了各种偏方。我至今不清楚自己到底受了什么伤，因为内心不接受医院的诊断。但我也不知道是如何康复的，总之是各种偏方层出不穷。幸运的是，我现在健康如常，大学时我继续打球，至今没有复发过。我从未如此敬佩母亲，她挑战医生的权威，坚持不懈地带我治疗，我清晰地记得去各个村子寻找老中医的艰难历程，以及花费了近20万的治疗费用。对于我们这个小县城的三孩家庭来说，这是一笔沉重的负担，但父母都扛了下来。

腿伤痊愈后，我复读了一年，尽管融入新班级和新集体花了一些时间，但我并不在意同学关系，只想尽快赶上学习进度。我逃掉了所有物理化课程，没有复习资料时，就带着英语课本到小花园疯狂背诵。第一个次月考，我取得了班级第七的成绩，有种仿佛回到了初中复读时的感觉。既然有机会重新开始，我相信自己可以继续优秀。用老师的话来说“优秀是一种习惯”。别人的赞扬和褒奖不仅能让人心情舒畅，也是对努力的认可，这是一种能深深打动自己的骄傲情绪。

02. 迟到的自我发现，从迷茫学生到教育奋斗者

当我踏入大学校园的那一刻，我意识到小城市的孩子在填报志愿时的种种局限。虽然高考成绩优异，我却进入了一所并不理想的大学，那种吃亏的感觉一度让我倍感折磨。然而很快我就在宽松的校园管理中找到了自己的节奏，按部就班地上课，受到学姐们的认可，加入了球队。我经常利用假期到全国各地旅行，拓宽视野，因此成为同学们眼中羡慕的“自由人”。现在回想起来，每件事都有其正反两面，高考时专业选择的失误和大学四年的轻松生活，所有未经历的艰辛和未学到的技能，都在毕业后一一显现，让我不禁感慨“命运不会眷顾任何人”。

转眼大四来临，同学们纷纷开始找工作，投递简历，参加面试。由于我并不想从事物流相关的工作，又没有培养出其他技能，甚至对工作缺乏清晰的认识，我在毕业季陷入了一种“无所作为”的状态。

现在回想起来，我的迷茫本质上是从小依赖父母的我，在步入社会后感到的无助和转变。也许是因为经历过不寻常的治疗过程，也许是因为我从小接触的各种“非正规”途径，我一度迷失了方向，不知道正确的、规范的道路在哪里。

在众多忙碌的面试者中，我显得格外“佛系”。每天早晨，我都会早起跑步、打球，然后在校园里闲逛，甚至忘记了拍摄毕业照和记录校园的风景。那时，与我为伴的还有小雨同学，她也是物流专业的，大二时转到了金融专业，并在毕业时获得了曼城大学的Offer，是真正的学霸。那段时间，我们几乎每天都会在操场、图书馆、食堂不期而遇，毕竟像我们这样的“闲人”并不多。

记得在一个阳光明媚的早晨，小雨主动问我为何还不找工作。在了解到我不愿从事物流工作的原因后，她向我介绍了新东方。原来，从大二开始，她就利用寒暑假在新东方担任助教，后来为了准备去英国留学，她转为了英语老师。她向我描绘了一个企业文化自由、工作氛围轻松、薪资待遇优厚的理想职业，并迅速通过内部推荐帮我投递了简历。这对我来说，简直是意外的惊喜。我对小雨的热情和对我的信任感到惊讶，虽然自认并不完全具备她描述的能力，但我确实非常向往这家公司。在小雨的推荐下，我顺利通过了面试并开始了培训。我暗下决心，一定要抓住这个难得的机会。

03. 不完美的成长，后知后觉的效率突破

从培训到正式上岗，我在教师这一职业上经历了前所未有的挑战。或许有人会说，你才多大年纪，就轻易地谈论“一生”和“艰难”？然而，当我站在讲台上，面对众多资深培训师和新同事，心中充满了紧张和恐惧，那种内心的挣扎让我几乎想要崩溃，想要逃离这一切，回到妈妈的怀抱。太难了！小雨曾向我描述的美好工作、美好北京，以及我在操场上憧憬的美好未来，似乎都被残酷的现实击得粉碎。但我从未想过放弃，这得益于我的两位新东方名师领导兼导师，他们每天都安排我阅读书籍、撰写读后感、编写逐字稿、制作课程PPT、参加师训中心的学习、参与新教师团建等活动。整整半年时间，我几乎没有在凌晨3点前睡过觉，每天都在疲惫、兴奋和焦虑中度过，期待着那个从量变到质变的转折点。现在看来，我遇到了天使，我的领导和导师对我的用心程度，让我感受到了在竞争激烈的北京中难得的温情。

尽管我的进步可能比常人慢半拍，甚至更多，但我从未停止前进的脚步。许多老师的成长经历都与我相似，但很多人在半年的培训中选择了放弃。幸运的是，我的坚韧和行动力让我坚持了下来，最终成为新东方集团评定的优秀历史老师。在国际会议中心的年会上，我上台领奖，那一刻，我对新东方的归属感和自豪

感油然而生，也感谢自己没有放弃。

前几天，我看到了俞敏洪老师和张朝阳的一段对话视频，他们谈到很多人即使年龄很大，也不清楚自己想要做什么，这样很浪费时间。我深有同感。我算是幸运的，在我被推着向前走的时候，虽然迟钝，但我的行动从未停止。我偶然遇到了指引我工作方向的同学、偶然遇到了非常用心的职业导师、偶然选择了我热爱的职业。现在的一切似乎都是水到渠成的，但当我有时间和意识去深入思考时，我发现自己真的热爱这份工作，享受传授知识的过程。如果没有这些偶然，我无法想象现在的自己会是什么样子。

现在我的教培工作不仅为我带来了人生的财富和价值，更让我意识到教育的重要性。在教授课程的同时，我更加注重每个孩子的升学规划、专业介绍和就业指导。我希望我的学生从一开始就有清晰的人生目标和价值观，不要浪费宝贵的时间和青春。我希望自己成为一个发光的老师，照亮学生们的未来。虽然这个愿景需要无数的行动和时间来实现，尽管我走得很慢，但我将永不停止前进的脚步。

一娜

π 型钢琴老师进化实录

一娜

会涂鸦的钢琴老师

喜欢读书&听书

对心理学及脑科学兴趣极高

终身学习践行者

“老师，为什么你都毕业了还要学习啊？”很多学生会这样提问。

“因为这是新教材呀，我还没有看过，所以这次要去学习。”

自从走出校门后，在前后20多年的时间里，从最开始面对本专业内的各种新知，积极地采取兼容并蓄，转化吸收的方式，不断强化升级自己的专业知识，到现在的主动离开舒适区，陆续接触了画画，心理学以及各种自己喜欢学习的大小课程，极大地拓宽了认知边界。

01. 长者教诲，坚持学习

“作为一线教师，应该坚持学习。”这是每一位我遇见的前辈，最常在广大钢琴老师面前说的话。

84岁高龄的著名钢琴家周铭孙老师，在2024年中央音乐学院考级新教材的讲解课上还曾这样叮嘱：“作为一线老师，我们是应该坚持不断地学习，我现在也还在坚持练琴，我们要对自己的学生负责。”

教授们语重心长的叮嘱，以及目光中隐含的殷殷期盼，对我来说，既是鞭策，也是激励。

在资讯如此发达，知识更迭速度日渐加快的今天，总会有大量新的教育理念、教学方法，以及新的钢琴教材出版，单就是专业领域的钢琴乐谱，就有国内外的各种版本不断面世。

以此细分下去还有古典、流行、轻音乐、爵士等各种门类。

作为一线钢琴老师，我每年会教授许多需要参加各种国内外考试考级，演出比赛的学生，只有不停地学习迭代，才能掌握最新最前沿的教学方法，惠及学生们。

仅用踏入社会前所掌握的专业知识，早已不能满足目前及未来本职工作的需要了。

然而经常性自费出去学习这一点，我的一些学生并不能理解体会，甚至很多同行的其他老师也并不看好我如此长年“瞎折腾”各种学习，只觉得我是个会乱花钱的“傻帽儿”。

可是在我看来，不论是哪种专业，何种性别，年龄多大，自主学习这件事，有一部分可能是来源于进入工作环境以后，对自身现阶段能力清醒的认识，另一部分则来自个人对新知识、新技能的学习渴望。

想要通过不断学习成长，让我的学生从中获益、成长，更是我从教这20多年来的初心。

这些年间，除了每年参加全国研修班学习以外，遇到不同的专家学者或者国外来访的教授开课，我都会想办法去学习。

比如除了早年考取中央音乐学院钢琴最高级教师资格以外，

中国音乐学院的考级教材以及音协的考级教材更新，我都会第一时间去听课学习。

为了帮助有出国留学打算的学生，我还每两年自费去学习英国皇家音乐学院的钢琴考级教材，并第一时间购买研习，确保同学们能及时学到新知，顺利完成考试。

在这些学习过程中，有时是掌握了新的教学理念，有时是听到了来自五湖四海的同行业老师分享教学心得、感悟。

比如有的老师会通过展示一些自己在日常教学中的案例，详细阐述他在教学中遇到的问题和解决方法，听课结束后我就会结合课上笔记，以及受到的启发和感悟，把自己的学生对号入座，这样就能迅速将学到的知识用于工作中，且效果显著。

在学习进修的过程中，我还会不断结识优秀的新同行，并通过这些老师去了解到当地的琴童规模、教材应用情况等。

而在日常的教学过程中，遇到非常难解决的问题，我会动笔记下来，等下次学习或同行聚会时拿去提问或一起研究解决方案。

2020年至今，我还解锁了各种线上课的学习路径，如今线上线下多点同步学习的方式，更是大大加快了我的学习速度，也通过网络结识了更多全球的优秀钢琴老师。

02. 潜心专业，单点打穿

钢琴教学涉及的知识面较广，其中至少包含了基本乐理、和声、曲式分析、中西音乐史、视唱练耳、教育学等内容。

除了在学校期间习得的知识以外，比如目前国内最权威的钢琴考级机构，定期或不定期还会更新迭代考试教材及考试要求，这就要求我需要定期去学习新教材内容，而且能熟知各大考试平台的更新速度及考试要求。

这样才能在正确合理的时间内，让学生们少走学习过程中的弯路。

例如中央音乐学院的考级教材在新旧交替时会有一年的“缓存”期限，了解掌握了这个规律，那么如何有效利用这个时间差，给学生们设计好考级规划，就尤为重要。

现在的孩子们从小都比大人“忙”，各种课外班、研学营、体验营、寒暑假补习班和旅游，练琴时间已经被大大缩短，能学会高效练琴，就可以从时间上“赢”在前面。

在多年的工作经验及不断学习内化下，我的很多学生在国内外的钢琴及乐理考试中取得了好成绩，拿到了心仪的证书。

比如有很多学生已经顺利通过了以下考试：中央音乐学院钢琴九级演奏的考试；中央音乐学院音乐基础知识高级考试认证；

英国皇家音乐学院五级乐理考试认证；英国黄家音乐学院钢琴八级考级认证。

03. 走出舒适，探索新域

2019年之后，我开始深度接触并认真学习心理学相关领域的知识，在此期间先后学习了儿童心理学，青少年心理学等课程。

其实去学习儿童心理学课程的初衷是为了更好地了解现在的孩子们到底在想些什么，更深入地搞清楚他们内心的真实想法，以解决和促进在教学过程中遇到的各种情绪问题。

对心理学这门学科感兴趣其实是很早以前就有，但是最后促成行动的，其实是源于我这几年接触到的抑郁症学生。

这几个学生都是世俗意义上的学霸，学生妈妈找到我的时候，有的孩子已经在家休学很久了，来学习钢琴之前，除了学科补习班，她们没有什么其他的业余爱好。而现在，家长希望孩子能通过学习弹琴来缓解病情，给她们找到一个情绪转化的出口，最好能帮助孩子尽快恢复健康，重新回到校园学习。

后来经过一段时间的钢琴学习以及练习，有的孩子现在已经回学校恢复日常学习了。

2023年开始，我开始接触涂鸦笔记，学习到了一种不一样的画画方法。感觉这是一种既减压，又有趣的绘画方法，绘画小白都可以通过简单的图形及颜色加上适量的文字描述，达到不一样的视觉呈现。

2024年伊始至今，在机缘巧合之下，开始系统学习图像呈现技巧，想要用不一样的方式，给生活和工作添彩。

而每次拿起笔完成一幅作品，都能使人感受到心绪的宁静和与自身情绪的一种和解。

接下来在的日常教学中，我将会把这种涂鸦笔记的方法穿插进来，给学生不一样的视觉体验，增加课程的趣味性，以及希望可以通过这种方式，帮助孩子们找到一种新的舒缓情绪方法，尽量维护他们的心灵健康。

04. 终身学习，终身成长

在过去几年时间里，我先后利用零散的碎片化时间，收听和翻看了大量书籍。

其中50%是音乐行业或钢琴专业的书籍，另外50%则涵盖了心理学、亲子家庭、人文历史、社科新知、国内外名著、医学、个人成长等很多方面内容。

通过每年300多本的阅读和听书，拓宽了自己的知识边界，发现了这世间万物还有那么多未能探索的领域，观察到生活小细节中的美好。

这些年通过不间断阅读和听书，加上持续的学习和拓宽边界，其中很多知识都被我用在了日常教学及生活中，与青春期的孩子们关系更加融洽，学生们都喜欢和我说心里话，感觉跟我待在一起很松弛，有什么新知和困惑也愿意与我分享倾诉，所有那些旁人看似无用和乱花钱的投入，都给我带来了意想不到的收获与惊喜。

个人觉得越是在当今这个科技飞速发展的时代，人们越应该多读书，多懂点儿心理学，勇敢尝试走出舒适区，尽可能拓宽自己认知边界。愿你我都能在未来的人生路上，遇见更好的自己。

有人说不同阶段所习得的各种能力，其实是雄鹰的翅膀，决定了我们翱翔于天际的高度及飞行时间长度。

然而大多数教师的工作在我看来，其实是在播种和培育。在每一个进入教室的学生心里安放一颗音乐的种子，即使将来不会特别热爱音乐，那么至少在你感觉伤心难过，无法用语言来进行诉说的时候，可以坐下来弹弹琴、听听音乐，希望一段或者几段你喜欢的旋律，可以渐渐安抚你的情绪，给你一个重新获得心灵上宁静的出口。

因为曾经被光照亮，所以也想散发微光。